品牌定位
100招

单武林◎著

中国商业出版社

图书在版编目（CIP）数据

品牌定位100招 / 单武林著. -- 北京：中国商业出版社，2023.4
ISBN 978-7-5208-2439-2

Ⅰ.①品… Ⅱ.①单… Ⅲ.①品牌－企业管理 Ⅳ.①F273.2

中国国家版本馆CIP数据核字(2023)第041131号

责任编辑：包晓嫱

（策划编辑：佟 彤）

中国商业出版社出版发行
（www.zgsycb.com 100053 北京广安门内报国寺1号）
总编室：010-63180647 编辑室：010-83118925
发行部：010-83120835/8286
新华书店经销
香河县宏润印刷有限公司印刷

*

710毫米×1000毫米 16开 14印张 160千字
2023年4月第1版 2023年4月第1次印刷
定价：58.00元

****

（如有印装质量问题可更换）

推荐序

《品牌定位100招》的"定位理论"是指在特定的品牌文化取向及个性差异上的商业性决策,为特定品牌确定一个适当的市场位置,让品牌在消费者心中占据一个特殊的位置。总的来说,品牌定位关系到品牌的整体运营与发展,不仅在商业领域发挥着重要作用,对艺术创作也有巨大影响。

作为一名国乐艺术家,我想说的是,中国传统民乐从未孤居高阁,从古至今,既有乐师登堂入室,奏响宴乐;也有评书人和着琵琶,在戏台上大谈话本演义。高高雅雅的丝竹,其实从未真正离开过街头巷尾的烟火气。而当这些国乐遇上全球命运共同体、元宇宙、融媒体时代,中国人民的文化自信也空前高涨。在新的时代,经典国乐传承与弘扬天时地利人和,迎来了发展的春天。"以文艺为载体,传颂民族智慧",中国的国乐很美,通过运用"定位理论",以崭新的方式将其栩栩如生地演绎出来,向全世界展示中国理想、中国信念及中国使命,让全世界领略中国音乐的魅力,是新时代音乐人的共同愿望。

利用定位理论对国乐进行推陈出新,新像品牌的系列联合、二次元国风、京昆合作、古代复原音乐一样,能够给观众带来新的感观和不一样的心灵体验。在这里,我分别用自己曾参与创作演出过的两部作品来简单阐述定位理论对国乐的创新与传播的重要意义。

国潮创新剧——《韩熙载夜宴图音乐传奇》。艺术家们所"重现"的南唐偏安江南的贵族夜宴场景,带领观众与古人一同感受其中的欢乐与纵情。通过打造出的颓废之美,让人们去重新理解和探索"夜宴图音乐传奇"。可以说,它是中国首个名画"原创"国乐剧场,是一场诗意的"家国情怀"唐宋名篇,是一场古今穿越的"千年"爱情大戏,更是一场茶与酒的可以"喝"的音乐会。在这部作品中,创新与品牌IP定位发挥得淋漓尽致,与观众碰撞出别样绚烂的文化火花。

交响乐经典再现——《红楼梦》。交响乐《红楼梦》是中国传统戏曲与交响乐融合的一次尝试与探索,是以独特的视角来阐述传统文化,同时也是中国传统艺术在当今时代与审美潮流、演绎特色以及表现形式相结合的创新发展和延伸,于艺术本身和艺术市场都有着非常重要的意义。该作品融入了合唱、西洋美声男高音独唱、中国戏曲(越剧)独唱和部分中国民族器乐等多种元素,在音色搭配、乐队动态等方面都有着巨大潜力,拥有万花筒般的声音可塑性。尤其是《红楼梦》故事中所蕴含的多种不同的人物性格、情绪与冲突,需要有丰富的音乐层次才能体现出来,因此用四管交响乐队来表现,达到了作品本身的高度契合。该交响乐演出后在喜欢中国传统戏曲和世界古典音乐以及热爱文艺创新的观众中引起了强烈反响,甚至成为年轻观众了解传统戏曲艺术的必看作品。可见,对艺术作品进行品牌定位,不仅能够赋予作品新的表现形式和生命力，还有利于传播，被更多人喜爱与接受，最终走出国门，走向国际。

《品牌定位100招》的"定位理论"我个人理解就是，在不同职能和角色中占据头位，从而在市场上找到自己的位置，通过定位申明品牌意义并进行营销宣传植入、占领目标用户的大脑（集体需求或意识）和内心的空白区域（品牌特征、利益或形象），同时比较竞品建立差异化形象，最终形成选择偏好。

我以艺术家的视角读完此书后的感想是，此书作者提取特劳特定位理论的精华，总结出品牌定位100招，每一招都将给读者在不同的职业领域奉献一份光和热。因此，本书值得各位朋友细细地品味，用心地思考。

施怡雯　2023年2月

前言

商业中"定位"的概念，最早于1969年由美国人杰克·特劳特在其发表的《定位：同质化时代的竞争之道》论文中首次提出，并在多年的实战中不断得以丰富和完善。2001年，定位理论压倒菲利普·科特勒和迈克尔·波特的营销观念，被美国营销协会评为"有史以来对美国营销影响最大的观念"；杰克·特劳特先生本人也被誉为"定位之父"，被推崇为成就高于迈克尔·波特的营销战略家。

1981年，杰克·特劳特出版学术专著《定位》，创立特劳特定位理论。1996年，特劳特又推出了定位论刷新之作《新定位》。2009年，《定位》一书被《财富杂志》评选为"史上百本最佳商业经典"第一名。2010年，特劳特推出定位论落定之作《重新定位》。

定位理论帮助了很多深陷泥潭的大牌企业走出困境，例如IBM、七喜、莲花等，都是因为运用了定位理论而得以重新焕发生机。可见，定位理论影响了一个时代的营销观念。

定位理论传入中国后，也迅速被中国企业界奉为圭臬，深刻影响到中国企业的战略思维和营销方式，比较著名的案例有加多宝、东阿阿胶、江中健胃消食片、乌江榨菜、香飘飘奶茶等。

自第一本《定位》作品出版后，特劳特先后共写了22本有关定位的书籍来阐述其定位理论，可谓著作等身。定位理论对企业的作用，并非一两句好似被施了魔法的口号，而是来自企业在寻找定位过程中经过不断取舍而变得清晰专注的思路，以及在落实这个定位时保持的敏锐与热情，并最终集中所有的资源去做有影响力的宣传，将产品成功地植入消费者的认知中。

本书根据特劳特定位理论总结了品牌定位100招，以飨读者。

目录

第1章 定位至上

第1招——定位至上 / 2

第2招——心理定位 / 3

第3招——品牌定位 / 5

第4招——安全定位 / 7

第5招——战略定位 / 9

第6招——营销定位 / 11

第7招——促销定位 / 13

第8招——传播定位 / 15

第9招——价格定位 / 17

第10招——广告定位 / 19

第2章 占据特性

第11招——定位时代 / 24

第12招——重构观念 / 25

第13招——实践定位 / 27

第14招——简化传播 / 29

第 15 招——疏通渠道 / 31

第 16 招——拒绝过度 / 33

第 17 招——适度曝光 / 35

第 18 招——创造第一 / 37

第 19 招——牢记教训 / 39

第 20 招——与众不同 / 41

第 3 章　领导地位

第 21 招——唯你不可 / 44

第 22 招——形象时代 / 46

第 23 招——长期投资 / 48

第 24 招——稳固地位 / 50

第 25 招——拒绝仿效 / 52

第 26 招——拒绝沉默 / 54

第 27 招——高调低调 / 56

第 28 招——建立品牌 / 58

第 29 招——选择记忆 / 60

第 30 招——满足期盼 / 62

第 4 章　制造经典

第 31 招——产品阶梯 / 66

第 32 招——品牌分类 / 68

第 33 招——对比定位 / 70

第 34 招——"非可乐"定位 / 72

第35招——FWMTS陷阱 / 74

第36招——由此及彼 / 75

第37招——精神不死 / 77

第38招——不怕失败 / 79

第39招——头部效应 / 81

第40招——领先地位 / 83

第5章 市场专长

第41招——保持领先 / 86

第42招——用户标准 / 88

第43招——产品实力 / 90

第44招——绝无仅有 / 92

第45招——拦截对手 / 94

第46招——反应敏捷 / 96

第47招——宽泛名称 / 98

第48招——市场份额 / 100

第49招——危险效仿 / 102

第50招——寻找空位 / 104

第6章 备受青睐

第51招——高价定位 / 108

第52招——低价空位 / 109

第53招——技术陷阱 / 111

第54招——用户细分 / 113

第 55 招——众口难调 / 114

第 56 招——竞争定位 / 116

第 57 招——差异化定位 / 118

第 58 招——攻击性定位 / 121

第 59 招——信任支持 / 123

第 60 招——战略匹配 / 124

第 7 章　制造方法

第 61 招——逆向思维 / 128

第 62 招——资金匹配 / 130

第 63 招——长期主义 / 131

第 64 招——创新精神 / 133

第 65 招——聚焦主业 / 135

第 66 招——重新定位 / 137

第 67 招——关联定位 / 139

第 68 招——对立定位 / 140

第 69 招——性格定位 / 142

第 70 招——坦诚定位 / 144

第 8 章　创新一代

第 71 招——传统与流行 / 148

第 72 招——产品组合宽度和深度 / 150

第 73 招——市场反馈 / 152

第 74 招——销售数据 / 153

第 75 招——产品生命周期 / 156

第 76 招——成功与失败 / 158

第 77 招——开创需求 / 160

第 78 招——经典品牌的创新之路 / 161

第 79 招——品牌扩张 / 164

第 80 招——多品牌策略 / 166

第 9 章　利他热销

第 81 招——客户至上 / 170

第 82 招——以人为本 / 172

第 83 招——人性化品牌 / 175

第 84 招——消费者心理 / 178

第 85 招——品牌营销 / 180

第 86 招——心智定位 / 182

第 87 招——情感定位 / 183

第 88 招——市场定位 / 184

第 89 招——裂变式营销 / 186

第 90 招——利他主义 / 188

第 10 章　长期定位

第 91 招——人性需求 / 192

第 92 招——行业定位 / 194

第 93 招——宏观视角 / 196

第 94 招——未来走向 / 198

第 95 招——二元法则 / 200

第 96 招——有所牺牲法则 / 202

第 97 招——延伸法则 / 204

第 98 招——潜在顾客 / 205

第 99 招——错位定位 / 207

第 100 招——商业闭环 / 209

第1章

定位至上

第1招——定位至上

1969年，美国杂志《工业营销》（Industrial Marketing）发布了一篇名为《定位：同质化时代的竞争之道》的论文，这是商业领域首次提出"定位"的概念。这篇论文的作者——营销战略家杰克·特劳特（Jack Trout）后来也被称为"定位之父"。

1972年，特劳特又发表了一篇论文《定位时代》，且在此后的四十多年间，他凭借多年的实战经验，不断开创和完善定位理论，终于在1981年出版了学术专著《定位》。

而特劳特，在2010年又出版了定位理论的落定之作《重新定位》。定位理论于2001年压倒了有"现代经营学之父"之称的美国经济学教授菲利普·科特勒（Philip kotler）和美国哈佛商学院教授迈克尔·波特（Michael E.Porter），被美国营销协会评为"有史以来对美国营销影响最大的观念"。

由此，特劳特的定位理论成了全世界广告人和营销人争相追捧的理论，并在营销战略领域广受欢迎。那么，究竟什么是定位呢？为什么说"定位至上"呢？

从字面意义上讲，定位就是从一个产品开始，确定这个产品的位置。这种产品可能是我们经常见到的商品，也可能是我们使用的某种服务，甚至是某个机构，或者是某一个人的自我定位。

那么，定位是针对产品、服务或者机构、个人本身的吗？

不，它是针对预期客户的心智的。

也就是说，将定位根植在预期客户的心里，从而让其对产品、服务或者机构、个人有所了解，产生期盼。

比如，品牌定位，只有我们把品牌定位牢固地植入目标顾客的内心，我们才可能拥有牢固的、忠实的顾客。

当下的时代，信息更新速度越来越快，如果没有清晰明确、容易被记忆的定位，那我们的定位目标很容易被淹没在繁杂的信息里。所以，市场战略、经营策略，都要根据品牌定位来更新和调整。

第2招——心理定位

自从杰克·特劳特提出"定位"概念之后，"定位"已经成为世界上伟大的商业词汇之一。在1981年出版的专著《定位》一书中，他用专门的篇章论述了客户的心理。特劳特认为，在产品过剩的时代，简单地依靠好的产品或者是包装一个更好的品牌形象，已经不能让企业在竞争中处于优势地位。要想在竞争中胜出，企业经营的重心，必须从关注产品切换到关注消费者的心理，即必须要有心理定位。具体来说就是一个品牌如果能让消费者有明显的记忆点，它便能得到消费者的认可，从而在竞争中胜出。

简而言之，依据产品带给消费者的某种心理上的满足和精神上的享受进行的定位，即心理定位。心理定位不是企业强加给消费者的，而是经过一定的时间在消费者心中自动形成的。所以，企业只能通过一定的策略向消费者传递有利于本企业的信息，以确定在消费者心中的定位。一般来说，心理定位可以采取以下方法：

产品形象定位：即将某一产品品牌的特点进行综合，使其能在一定程度上象征某类人、物，并使消费者接受这一象征性，以达到这一品牌在消费者心中树立深刻形象的目的。例如，一提到山姆大叔，人们便会联想到美国，山姆大叔是美国的象征。

产品比较定位：即人们在选择产品时，会将质量和价格在心里进行比较。一般来说，人们更愿意接受高质低价的产品。

产品功效定位：即通过突出产品适应消费者需求的某些独特功效来确立其市场位置。值得注意的是，利用功效定位，一定要密切关注市场，不断地开发出独特的功效，以巩固其领先地位。

产品优势定位：即向消费者传递几乎无可争辩的竞争优势。采用这一定位法，一定要以"第一个"的形象进入消费者心中。例如，可口可乐在饮料市场便处于领导地位，具有压倒其他产品的绝对优势，其不仅一直奉行"城市路线"，还实现了对农村的"全面包围"，是数亿消费者的"第一瓶饮料"。

产品竞争定位：即通过与居于领导者位置的产品进行竞争，以引起消费者的注意，使消费者在最短时间内了解本产品，从而在消费者心中占据有利位置。例如，百事可乐之所以能占据美国第二大可乐型饮料的位置，便是因为它一直在与占据首位的可口可乐进行竞争定位。

此外，心理定位法还有比附定位、产品种类分离定位、产品使用者定位、特殊使用时机定位等。

一般来说，确定心理定位策略后，便可以通过一些途径达到心理定位的目的。例如，加强、提高产品在消费者心中的现有地位，寻找一些被大多数消费者重视但尚未被占领的位置。如果领导位置或是第二的位置被占领，还可以考虑退出竞争或为竞争重新定位。比如，如果某产品破坏了在消费者心目中的形象，可以暂时退出市场，重新确立位置。

第3招——品牌定位

"品牌即战略"，这是特劳特品牌定位的核心理念。由于品牌定位企业对特定品牌在文化取向、个性差异上的商业性决策是在市场定位和产品定位的基础上做出的决策，因此品牌定位也可以说是建立一个与目标市场有关的品牌形象的过程和结果。

品牌定位为企业未来的发展指明了方向，对企业而言，一个成功的品牌定位能够提高产品转化率。

按照特劳特的理念，品牌定位具有四个原则，即不改变固有心智、尽量简化信息、用户的认知比真理重要和新概念必须关联旧概念。在这里，重点解释一下"尽量简化信息"与"用户的认知比真理重要"这两个原则：

尽量简化信息：在当今这个信息传播过度的社会，人们不喜欢烦琐的信息，而是喜欢简化的信息。当然，简化的信息首先要明确传播的核心任务，然后把跟核心任务无关的和关系不大的信息都去掉。

用户的认知比真理重要：很多情况下，消费者选择产品依据的是品牌，哪怕同类产品质量再好，但消费者依然会认为"大品牌等于好质量"，所以，定位时不应该太执着于真理，不应该以自己为中心，甚至也可以不以产品和服务为中心，而应该以潜在消费者为中心。

进行品牌定位时，一定要提炼品牌的核心价值。其中，把品牌核心价值渗透到品牌的每个方面，是品牌定位最重要的部分，它与品牌识别体系共同构成了品牌的独特定位。当然，只有在消费者真正理解品牌优势与特征，并为品牌的独特个性所吸引时，品牌与消费者之间才能建立起一种长期的稳固关系。

进行品牌定位时，可以采取以下几种方法：

领先定位：即强调自己在某方面有独到的特色和在同行业、同类产品中的不可替代的特殊地位，且这些必须是事实，而不是欺骗消费者的一些手段。

个性定位：即企业为使消费者能表达个人审美情趣、宣示自己与众不同时所表现出特定品牌的某种独特形象。

情感定位：即企业为唤起消费者内心的共鸣和认同而表现出的某种情感。

值得一提的是，在品牌定位中，品牌名至关重要。品牌名是供消费者称呼使用的，所以首先应该与消费者产生心理共鸣，以刺激消费者的购买欲。除此之外，品牌命名也有一些其他的策略。例如，地域情结品牌命名、爱国情怀品牌命名、理想和形象定位品牌命名、目标消费群认同品牌命名、产品性能突出品牌命名、传统文化诉求品牌命名等。

例如，购买可乐型饮料时很多人会选择可口可乐，因为这一品牌早已深入人心。

第4招——安全定位

品牌的安全定位是指产品品牌给消费者所带来的具有高强度、高赞誉度和高独特性的品牌联想和品牌意识，基本内容包括该产品品牌在时间上的安全和品牌在空间上的安全。品牌安全是一种状态，这种状态是动态的而不是静止的。品牌在时间上的安全指品牌在今天、明天以及未来都是安全的。品牌在空间上的安全指在同一时间里，由内而外构成品牌的各个层次是安全的，主要包括品牌核心价值的安全、基于品牌核心价值的品牌识别的安全、用品牌识别所统率的企业营销传播的安全。

品牌的安全定位包括哪些策略呢？以下几点可供参考：

产品安全：即品牌赖以生存和发展的产品不存在危及产品营销的质量、功能、技术、包装、设计等问题。这种现象在化妆品市场很常见，很多化妆品品牌都是因为产品质量出现问题而遭到消费者的投诉，结果使得该品牌失去了消费者的信赖，最后只能被淘汰出局。

品牌周期安全：众所周知，每一个品牌都是有周期的，要做到品牌周期安全，企业应当在品牌发展到成熟期时及时推出该品牌产品的更新换代产品或全新产品，让新产品支撑品牌的长期发展。

品牌商标安全：是指品牌的主要组成部分是否受到了法律的保护以及是否可能会被其他产品或品牌假冒。很多企业在研发产品时，急于把产品推向市场，忽略了对品牌商标进行注册，结果，不仅被后来者仿制了产品，还注册了商标，反而使得原企业的成果竹篮打水一场空。

品牌扩张安全：即企业可利用品牌知名度、品牌美誉度进入全新领域，以节省市场导入费用。也就是说，这一策略一般是企业在多元化经营或企业扩张中常用的。不过，大幅度品牌扩张是十分危险的，现实中有很多企业便是由于进行了无关联的品牌过度扩张而倒闭的。

品牌延伸安全：即利用品牌优势扩大产品线，壮大品牌支持体系。

在这一过程中，常会出现品牌危机。例如，品牌延伸速度太快、延伸链太长，往往导致品牌负荷过重；品牌本身未被广泛认知，企业便急于推出新产品，结果，新产品不但没有得到消费者认可，还连累老产品失去消费者的信任。

品牌服务安全：即与优秀品牌相匹配的良好服务。当下是个服务至上的社会，即使一个产品再好，但后期服务跟不上，消费者对这一产品也会失去信任，一旦口碑倒塌，品牌便岌岌可危了。

特劳特虽然没有在作品中提到安全定位，但字里行间无不渗透着对品牌安全定位的担忧。当然，品牌除了需要用法律来保护其安全外，还需要企业和个人有较强的品牌保护意识，认识到品牌对企业和个人的重要性。

第5招——战略定位

特劳特认为，定位时代是一个战略至上的时代。

战略定位，即将企业的产品、形象、品牌等在消费者心中占据其他品牌无法企及的位置。简单来说，是企业如何行动才能使产品吸引消费者。战略定位对于企业来说是可持续发展的必然选择。"战"指方向，"略"指舍弃，所以，战略一般具有四个特征：清晰的取舍、独特的价值诉求、有精心设计的价值链和战略的连续性。

战略定位包括四个关键要素：一是战略分析——了解企业所处的环境和相应的竞争地位；二是战略选择——战略制定、评价和选择；三是战略实施——采取措施发挥战略作用；四是战略评价和调整——检验战略的有效性。在进行定位时，一定要考虑企业的使命和目标、企业的外部环境和内部环境等。

战略定位首先是一个"自上而下"的过程，这也就要求高级管理层具备相关的能力及素养。

了解到战略定位的重要性后，企业应精心设计和完善动态管理，使企业内部的业务流程、组织架构、绩效薪酬、文化氛围、人力资本等各方面都与战略定位保持一致，以此来达到强化战略的目的。

华为是中国顶级的电信设备供应商，《华为基本法》第一章第一条规定："为了使华为成为世界一流的设备供应商，我们将永不进入信息服务业。"这就是华为的基本战略定位。

谈到华为，首先会想到华为手机，事实上，华为的业务范围涵盖了IT、通信、路由、交换、无线电、微电子等领域，那为什么我们却对华为手机最为熟悉呢？这与华为的战略定位有着密切的关系。当年，华为暂时放下其他业务，不惜一切代价推广华为手机。

华为人认为：华为不在非战略机会上浪费资源，而是聚焦主航道，不断地做减法。简单来说，战略是在有限资源下的取舍，战略本质是选择，而选择的本质是放弃。

纵观华为三十多年的发展历程，共经历了四次战略选择：一是

1993年前后华为处于通信行业的边缘，生产用户交换机时的战略定位——农村包围城市，实现国内替代；二是华为正式进入通信领域后的战略——全球化；三是华为从通信设备提供商转型为电信解决方案提供商——从卖设备到卖整体解决方案；四是华为进入万物互联的智能世界——成为ICT基础设施和智能终端提供商。

2009年，华为引入IBM的BLM（Business Leadership Model），作为华为战略规划的方法论和中高层战略制定与执行连接的方法，一直沿用至今。

就华为目前的发展态势看，华为在坚持长期战略定位的同时，短期内的战略定位也在不断进行调整。

战略制定固然重要，战略实施也同样重要。有效的战略实施是企业战略目标顺利实现的保证。如果一个企业的战略不完善，战略实施又不能将其扭转到正确的轨道上，那这一战略只能宣布失败。

第6招——营销定位

营销定位指的是企业为了给消费者留下深刻的印象，以某种方式在消费者心目中确定企业或产品与众不同的重要位置。深入研究市场的人都知道，市场营销不是产品之争，而是观念之争。当消费者从心底把企业的品牌与这个行业或产品定位在一起时，他才会认可这一产品，并在需要的时候购入，从而使这一产品在众多竞争者中脱颖而出，独霸一方市场。

特劳特的定位理念很重视营销定位，他认为，营销就是战争，商场就是战场。企业的任何一种定位都是建立在竞争之上的。定位的目的就是建立品牌，让品牌成为某个品类或某种产品的代表，从而打造品牌是定位理论的核心。由此可知，定位的对象不是产品，而是针对潜在消费者的思想，即企业的产品要在潜在消费者的大脑中寻找到一个合适的位置。

营销定位包括以下几类：

营销目标定位。企业营销的目标除了要考虑实实在在的利润，还要考虑到消费者和社会的利益。所以，企业营销目标应该有三个层次，即企业计划期的直接营销利润、未来一定时期企业形象的增值和建立完善有效的营销网络体系。这些营销目标都是营销者必须要考虑和兼顾的。这三个层次只要处理得当，便能够相互作用，从而促进企业的发展。现代企业的营销目标定位要在考虑消费者和社会各方的基础上，突出企业的近期利益和长远利益，把企业的发展和社会的发展进行紧密关联。

营销战略定位。指通过制定企业发展的目标，使企业在各方面与营销环境相适应的过程。可见，营销战略定位是一个动态的过程。企业的市场营销战略包括三类：成本领先战略、差异化战略、集中化战略。企业可以结合自身的情况和营销环境在这些战略中加以选择和确认。

营销哲学定位。指企业开展市场营销活动时，在处理自身与消费者、社会三方利益中所持的态度、思想和观念，即要确定正确的营销指导思想。正确的营销指导思想是指以独特的、鲜明的、卓越的经营理念来加深消费者对企业的印象，培养消费者对企业的忠诚度，达到为社会所接受并获得理想生存、发展空间的目的。

企业可以采取以下方法进行营销定位：

给产品打上高端的标签。在确保产品质量的情况下，给产品贴上高端的标签是一个非常好的营销手段，需要注意的是，如果产品本身的定位就是主打低价走量的话，则不能用高品质、高价值的标签来凸显产品的高端。

巧用销量数据来说话。这是很多知名品牌会采用的方法，需要注意的是，这里的销量数据必须是真实的，不能伪造数据来欺骗消费者。

用专业、专家来修饰产品。这是因为人们在面对众多而又不确定的信息时，往往更愿意也更相信专家说的话。当然，能不能贴上专业的标签，还得看产品的质量、功效等。

第7招——促销定位

促销定位，是指选择什么样的促销方式来开展企业的促销活动。根据这一概念的释义可以看出，促销定位有两层含义：一是选择什么样的促销方式，比如是选择人员推销、营业推广，还是媒体广告、公共关系等方式，又或是选择二者合一的方式；二是确定实现促销方式的具体手段或媒体。

在日常生活中，最常见到的促销方式是广告促销。但不是所有广告促销的效果都是绝佳的。成功的广告销售必须解决好两个问题，一个是媒体问题，另一个是广告创意问题。

赠品促销法也能起到很好的促销效果。这种促销方法是向消费者赠送初级产品，在消费者对产品产生一定的依赖性时，加价出售升级产品；或是送主导产品，加价出售配套产品或辅助产品。很多产品在刚打入市场时比较困难，于是便出现了试吃、试穿、试用等促销方式，即产品免费送给消费者，当这一产品得到消费者的认可后，产品便大量上市。这种促销活动比较稳妥，能为企业规避很多风险。

特劳特说，"定位影响到促销"，并列举了美国某比萨品牌之所以能成为比萨业中的老大，是因为它把"买一送一"的促销概念上升为定位策略。

折价促销也是企业最常用、最有效的促销方式之一。不过，这种方式会使企业损失利润，很容易在市场上造成恶性竞争。

此外，限时、限量、限条件促销也很常见。限时促销指限定在某个时段进行特价销售，一般情况下，企业或商场会把时间设在客流量较少的时间段，这样不但可以卖出产品，还能拉动人气。限量促销指优惠的商品出售够一定的数量后，或者每位消费者购买一定数量后，产品恢复原价。限条件促销则更容易理解，如会员积分，或购买超过一定的额度优惠、返利等。

要想使促销效果好，必须要进行准确的促销定位。而要提高促销定位的准确性，首先必须对产品的属性、消费者的特性、企业本身的实力等有非常深入而细致的了解，然后再进行促销定位，从而找到既适合于产品，又适合于消费者的促销方式。

第8招——传播定位

在定位理念中，传播定位相当重要。很多时候，过于静态的定位方式对于企业来说很难成功，这时，传播定位便成了企业获得营销成功的关键。消费者都不喜欢一成不变的东西，他们喜欢新鲜的东西，喜欢不断创新的事物。传播定位便是为了满足消费者这一要求而出现的。

对于某一个产品来说，传播定位不但告诉消费者这一产品是什么，有什么功效，还要把这一产品根深蒂固地植入消费者的大脑中。虽然传统广告在传统的传播方式中占据一定的位置，但是，体验以及客户沟通的过程才是传播定位的关键。

当然，传播定位不能仅仅基于产品形式和功能，而更应该从情感的层面上进行细分和定位。传播定位中，定位只是成功的第一步，传播才是重要的过程。

传播定位在短期内并不能看出效果，而是需要一个长期的过程。一般来说，传播定位可以从以下几个方面来考虑：

品牌产品化。它是指让品牌与产品达成有机结合。例如，提到"双汇"，会马上想到火腿肠。提到品牌，想到产品，这就是品牌产品化的好处。再比如，提到康师傅，会马上想到方便面，虽然康师傅也生产矿泉水、茶饮料等产品，但这些产品并不妨碍人们提到康师傅就想到方便面的主观印象。可见，传播定位在其中起到了很大作用。

品牌价值化。随着消费者消费能力不断升级，很多的中低档产品会被边缘化，渐渐地，跟不上升级步伐的品牌便会被淘汰出局。所以，企业要找到自身的价值所在，并将其表现出来，让消费者接受，这才能成为企业的核心竞争力。

品牌形象化。给品牌一个独特的、让人愉悦的视觉、听觉形象会使传播更加容易。比如在一次聚会中，我们不可能记住每一个到会的人，但我们会记得几个最有特点的人。这便是这些人给自己的外表、声音做了适当的包装。

品牌联想化。企业要最大化地利用传播载体，创造出新的传播点，使得传播的效果更佳。这一传播方式常表现为开展宣传活动或是寻找代言人代言产品。例如，董明珠身为格力电器的董事长，就曾为格力电器代言，只要一提到董明珠，我们自然会想到格力电器，甚至会想到格力的发展史。

很多企业抢占中央电视台的广告的黄金时段，也是为了收到最好的传播效果。

第9招——价格定位

价格定位，指的是营销者把产品、服务的价格定在一个与竞争者相比较而言的恰当的水平上。现代企业的价格定位是与产品定位紧密相连的。特劳特营销十要之一便是如何正确定价。

价格定位一般有低价定位、高价定位和市场平均价格定位三种情况。

低价定位，即把产品价格定得远远低于竞争者价格。采用低价定位的，可能是因为产品质量和售后服务不如竞争对手，也可能是因为该企业具有绝对的低成本优势，企业形象好、产品销量大，或是出于抑制竞争对手、树立品牌形象等战略性考虑。

高价定位，即把同竞争者产品质量水平相当的产品价格定在竞争者产品价格之上。这种价格定位需要具有强有力的品牌优势、质量优势和售后服务优势。

市场平均价格定位，即把价格定在市场同类产品的平均水平上，与竞争对手的商品价格没有太大差距。

企业的价格定位并不是一成不变的，在不同的营销环境下、在产品的生命周期的不同阶段上、在企业发展的不同历史阶段，价格定位可以灵活变化。例如，价格定位可以根据市场需求来调整，也可以为了扩大市场份额、渡过企业经营难关或是根据国家有关政策或生产企业的特点要求等情况来灵活变化。

值得注意的是，在价格定位中，并不是价格越低越优惠越能得到消费者的认可，很多企业在价格定位时，为了打败竞争对手，一味地降低价格，结果，不但没有在竞争中胜出，还让自己关门大吉了。

沃尔玛一直是以超低的价格定位与同类商场竞争的。一开始，沃尔玛强调的是"天天低价"，后来强调"省钱，让生活更美好"，这些都是在强调价格优势，用价格诉求争取消费者的认可。

沃尔玛在进行价格定位之前，会对同行业进行调研，估算出这个行业的市场均价，然后在均价和进价之间找一个中间价格，作为该产品在沃尔玛的官方售价，于是，消费者便可以买到比其他连锁企业价格低20%的商品。"天天低价"是很难做到但也是最有效的定位点，而这也体现了沃尔玛薄利多销的原则。

价格定位决定了企业80%的营销战略，价格给一个产品赋予了地位，也决定了产品上的运作方式。如今市场上的价格大战实质上就是企业之间价格定位策略的较量。

第10招——广告定位

广告定位属于心理接受的范畴，指的是企业通过进行一定规模的广告活动，使企业自身或产品品牌在消费者内心占据一定的位置。广告定位的目的很明确，即在广告宣传中，给企业或产品树立独特的市场形象，在满足目标消费者某种需要和偏爱的同时，促进企业产品的销售。特劳特曾在定位理论中指出："'定位'是一种观念，它改变了广告的本质。"

好的广告不但有利于巩固商品形象，有利于商品的识别，同时也是说服消费者购买的关键。成功的广告定位能帮助企业在激烈的市场竞争中处于不败之地，能赋予竞争者所不具备的优势，为产品赢得特定且稳定的消费者。广告定位的方法主要有抢先定位、强化定位、逆向定位、比附定位、补隙定位等。

抢先定位是指企业力争使本企业的产品品牌第一个进入消费者心中，抢占市场第一位置的广告定位。最先进入消费者心中的品牌一般都会比后来才进入的品牌占的市场份额要多，且这种关系很难改变。例如，一提到快餐，人们便会想到麦当劳；一提到可乐饮料，人们便会想到可口可乐；一提到电脑，人们便会想到IBM；一提到轮胎，人们便会想到固特异等。

提到皮尔·卡丹，消费者一定会想到它是法国著名的服装品牌，其实并非如此。在法国，皮尔·卡丹只能算得上中等排名的服装品牌，但它为什么在我国会有这么高的知名度呢？这是因为它是改革开放后第一个进入中国大陆的法国服装品牌，抢占了消费者心中第一的位置。

强化定位是指企业为确保自己处于第一的地位，不断地加强产品在消费者心目中的印象。比如，可口可乐公司用的强化印象的广告词是"只有可口可乐，才是真正的可乐"，这一广告定位便是在告诉消费者，其他任何一种可乐类饮料都是模仿"真正的可乐"——可口可乐的。

逆向定位是指面对强大的竞争对手，企业寻求远离竞争者的"非同类"的构想，以使本企业的品牌以一种独特的形象进入消费者心中。在消费者心中，"七喜"和可口可乐、百事可乐一样都是可乐，但七喜意识到根本无法超越二者，便反其道而行之，在进行广告定位时，把七喜是"非可乐"作为聚焦点，强调七喜不含咖啡因，把"七喜"与"可乐"进行反衬对比，树立自身的反差位置，确定"七喜"在饮料市场上第三的地位。

比附定位是指利用比较的方法在消费者心中开拓出能容纳自己品牌的位置。例如，"无糖汽水"的广告定位便是新观念相对于老观念的比附定位；宁城老窖在广告中宣称自己是"塞外茅台"，也是利用了比附定位来引起消费者注意的。

补隙定位是指企业为了能在产品价位、功能等方面独树一帜而在消费者心目中寻找空隙的一种定位方法。

　　需要注意的是，不管哪种广告定位，都要从企业的产品本身的实际情况出发，不能夸大其词，否则便等同于搬起石头砸自己的脚。

第 2 章

占据特性

第11招——定位时代

被誉为"定位之父"的杰克·特劳特于1972年以《定位时代》论文开创了定位理论后,"定位"一词风靡全世界。他于1981年出版的学术专著《定位》更是畅销多年,并于2009年被美国影响力最大的营销杂志《广告时代》(Adrertising Age)评选为"十大专业读物之首"。特劳特还创立了美国最负盛名的国际营销咨询公司之一的特劳特全球伙伴公司——一切都似乎预示着,定位时代的到来。

无论是培训还是交流咨询会议,演讲者经常都会以可口可乐、宝洁、微软、苹果、英特尔等国外大公司、大品牌,以及国内的方太(厨具)、万科、香飘飘(奶茶)、长城汽车、康师傅等较有影响力的公司、品牌等为案例,进行对(类)比讲解,以期让受众更好地掌握定位。久而久之,人们便错误地以为,定位是大公司的事,小公司无须定位。其实不然。定位无处不在,运用定位理论,可以很方便、准确地分析大大小小的企业(品牌)。

定位是企业寻找突破的一套有组织的体系。可以说,品牌之间的定位其实是一场心理之战,胜负在于潜在客户的心理。好的定位可以让企业的品牌保持聚焦，以便快速进入消费者的心中。一旦企业的品牌"第一个"进入潜在消费者的心中，那么，它便会占据消费者心中第一的位置，其市场占有率也不会轻易被改变。

据有关专家分析，因为人的选择和记忆点是有限的，所以对于某一品类的品牌，人们往往只能记住七个以内，再多就超过了负荷。而能够进入人们内心的品牌，则往往是那些能够打动其内心的品牌。在当今这个信息爆炸的社会，要想让信息穿越层层的屏障，抵达潜在消费者的内心，就必须聚焦某一领域，才能让企业和品牌获得竞争力，如海底捞。

不光商业、营销领域需要定位，产品需要定位，人也同样需要定位，比如，被家长定位、被老师定位、被领导定位、被同事定位、被客户定位、被陌生人定位……自己给自己定位。如何使人在另一个人心中与众不同呢？这也是每个人都需要思考的问题。为了更好地生存与发展，当今社会中的企业、品牌和个人都在想方设法为自己的与众不同而努力。可见，定位在这个时代真的是无处不在。

第12招——重构观念

企业生存的环境始终在变，这个时代存在着太多的不确定性，这便要求身处这一环境中的企业要能随时重构观念，以适应时代的步伐。

我们不能改变瞬息万变的市场环境，但我们可以主动选择以不一样的角度看待市场，这就是重构观念过程中最基本的要求。

如果企业发展良好，产品一路畅销，重构观念便没有什么必要。而当企业出现危机之时，就需要重构观念了。在重构观念之前，企业需要问自己几个问题，即"如果……会怎么样"或者"如果……会如何"。重构观念是希望预期的未来要比之前的好或强，如果对于这一问题，企业的答案是"结果都一样"或者"还不如此前"，那么重构观念也会失去意义。

在过去的市场环境下，信息不发达，企业与消费者之间存在信息不对称的现象，而现在是一个随时随地可以获取信息的时代，企业品牌的推广再想利用"老王卖瓜"的形式已经不太可能。世界是无时无刻不在变化着的，企业要想在变局中崛起，就不得不改变思维和观念，重新梳理自己和消费者的关系，重新审视自己的品牌。直路不通，弯道超车未尝不可，寻找第二增长曲线，进行品牌非连续创新，往往能收到意想不到的效果。而一旦企业需要重构观念时，各种不同于之前的想法、意见、观念和全新的信息都可以被提出，然后从中甄选出有用的信息加以利用。

企业在重构观念时，可以从品类变革、品牌变革、价值变革、传播变革、组织变革等方面进行。

提到康师傅，我们首先会想到方便面，但在众多的方便面品牌里，统一始终是其最大的竞争对手，二者所占市场份额曾经不相上下。为了扭转局面，康师傅在2017年曾进行了品牌重构。当时正是中国航天事业蓬勃发展的时候，康师傅抓住时机，与中国的航天事业紧密结合，以"航天精神中华行暨康师傅入选新华社民族品牌工程启动"为契机，走出了一条重构品牌价值、重构品牌内涵、重构品牌使命的新的发展之路。

当一个品牌已经失去了发展的空间，不再存在任何价值，企业完全可以停止营销，转而打造新品牌。

第13招——实践定位

特劳特在定位理论中，对心智作了大篇幅的阐述。其实，心与智分属两个完全不同的系统，一般来说，心代表潜意识、感性、快思考，智代表意识、理性、慢思考。随着竞争的加剧、信息的爆炸，定位理论越来越有效，越来越重要，企业都想使本企业的产品在消费者的心智中占据一席之地，于是，在定位理论之外，各种理念旁支丛生。

有研究者发现，如果在定位理论的基础上，再加上一个小小的前置动作，定位将会更为有效。简单来说就是，企业在为企业或产品进行定位时，如果提前用实践证明这一定位的正确性，那么将会提升其成功率。

在实践定位中，以下步骤必不可少：

首先，分析企业外部和内部环境，确定"企业的竞争对手是谁，竞争对手在消费者心智中占据的位置和优势是什么"；其次，利用竞争对手的弱点，确立本企业的优势地位；最后，为这一优势寻找到有力的证明。当获得消费者的认可后，企业便可以安心进行定位了。

一般来说，企业的品牌实践定位可以采取以下方法：

品牌定位需要与企业整体战略相一致，这就需要企业在产品开发、定价、服务等方面下功夫。

企业需要拥有一个计划周全的品牌结构，例如在商业氛围、企业环境、企业文化等方面的品牌结构。周全的品牌结构更有利于品牌的成长。

企业要投入大量的人力、物力、财力在关键品牌上，例如，企业的高层管理人员热衷于品牌的宣传与传播。

企业的品牌要独特，例如商标的设计，如果是独一无二的内容且完整无缺，便会吸引消费者的注意。需要注意的是，价值链上的每一个人最好都能理解品牌的含义。

企业要有一套衡量品牌传播效果与品牌投资财务效应的方案，建立起信息传播的畅通渠道与网络。

此外，企业还要积极寻找"消费者心目中长期以来对品牌的相连、相关与相依的理念与感知"，揣测消费者的内心，站在消费者的立场上对产品或品牌进行定位。

第14招——简化传播

现在的新媒体,像雨后春笋般一下子冒出来,随着其疯长的速度,各种品牌也随之出现。让消费者记住所有品牌是不可能的,能进入消费者心中的绝对是能打动他们心智的品牌。在当今这个信息爆炸和传播过度的社会,人类的心智可以说完全是一个容量不足的容器,为了应付这种超量和复杂,人们学会了把一切加以简化,所以那些复杂得需要人们反复记忆的品牌便很难抢占上风了。

正因为如此,企业在运行抢占消费者心智的营销活动时,一定要有简化传播的意识,即简化其所传播的信息内容和减少传播的中间环节,从而达到降低传播难度和提升传播效率的目的。有资料显示,传播难度每增加10%,传播效率可能就会衰减90%。这也是如今线上营销火热的原因之一,因为线上营销能让传播简化。

对于企业来说,只要找到足够的"超级传播者",并且让传播简化,就可以实现指数级传播。"先慢后快"是指数级传播的特点,也是"复利"的特点。例如,如果每天利润增长7%,那么在10天后,利润便在原有的基础上增加了一倍。

值得注意的是，要想使企业的产品或品牌被消费者接受，不要试图去改变消费者的心智，消费者的心智是很难改变的，有些企业每天都在花费数百万元企图改变潜在消费者的心智。但结果都适得其反。

具体来说，简化传播包含以下几个方面的内容：

简化传播可以是简化信息。例如，美国联邦快递传播给消费者的信息是"隔夜送达"，佳洁士传播的信息是"防蛀"，沃尔沃传播的信息是"安全"，宝马传播的信息是"驾驶"……这些品牌之所以能让消费者记住，正是因为它们把信息简化到了最容易传播且人们也最容易记忆的程度。

在简化传播过程中，品牌以其简单的造型语言传达品牌信息和企业文化，设计风格也越来越个性化和多样化。当然，品牌的设计简化追求的是一种纯粹的、无杂质的艺术效果，是变相放大产品的品牌效应，同时也符合人们对于艺术的追求。社会发展到今天，信息以及设计的简化方式已经成为各品牌之间最重要的竞争手段。

简化传播还可以是简化包装。时代在发展，审美在改变，各大品牌的包装越来越简单，越来越现代化、简洁化。这种趋势也让品牌本身变得更具有包容性，当它们走进更多元的社交网络时，不仅能更容易为大众所理解，还能促成更广阔的传播。

直销也是简化传播的一个途径。直销省去了很多中间环节，使得企业可以和消费者面对面沟通，可以直接把产品介绍给消费者，从而让消费者对企业的产品或品牌更加深刻，比如，很多企业利用新媒体直播，便是直销的一个流行趋势。

正如特劳特所说：只有单纯、简化的信息才能进入人们的头脑。

第15招——疏通渠道

产品的销售和流通渠道因产品类别不同而不同，一般来说，产品的销售和流通渠道常见的有以下几种：

大型超市，这是主要的销售和流通渠道。不过，入门成本高、要求多是这种渠道的缺陷。比如，企业的产品要进入大型超市售卖，需要交付推广费、条码费、堆码费等。

实体店和连锁店，直销、电视购物、电话推销等也是销售和流通的渠道。

除此之外，电商平台、社交媒体平台、自媒体等也属于销售和流通渠道的范畴。

渠道中包括中间商和零售商，有些中间商和零售商是整合的。不管哪种渠道，出现问题（例如乱价）便会直接影响到企业的利益。尤其是有些渠道区域分散、环节较多，加之各市场需要不同，如果企业不对渠道进行管理和疏通，很可能会出现价格混乱，还有可能会导致危机的来临。正如特劳特所说："在传播过程中，越多反而越少。我们由于过分地运用传播来解决大量的商业和社会问题，结果堵塞了传播渠道，真正被接收到的只是全部信息当中很小的一部分，而且还不是最重要的那部分信息。"所以，疏通渠道非常必要。

2000年前后，中国正面临着4G向5G的技术突破，占据多数销量份额的线下渠道，则成了各大手机品牌的必争之地。华为不仅加快了新品发布速度、加大了营销力度，还接连重金投资线下自营旗舰店；小米为了创新渠道、激励线下合作伙伴，提出三年专项投入50亿元；以线下渠道优势著称的OPPO，对已有的庞大零售网络调整动作也更加明显。

OPPO不但继续巩固OPPO渠道的纵深优势，分层分级，而且加倍投入区县城市渠道，以进一步提高渠道效率和扩大规模。这一品牌的首要目标是一线城市及省会城市。

在4G时代，OPPO凭借爆款策略和拥有超过20万家深入乡镇的线下网点，曾一度成为市场份额排名第一的品牌。随着消费者消费行为的变化，OPPO也出现了短暂的低迷状态，于是，OPPO开始对渠道进行大刀阔斧的改革。

改革的结果是，OPPO构建出了清晰的"金字塔"渠道体系——超级旗舰店、旗舰店、体验店、专卖店，由上至下的每一个层级都有其各自的侧重点。

OPPO公司的一位负责人曾表示："从分销的角度看，OPPO渠道已经扎根非常深，无论大街小巷都能看到OPPO的身影，但随着大环境的升级……未来，OPPO需要的是不断优化专卖店和合作门店，通过分层、分级的方式来管理零售终端。"

在 5G 换机潮中，与追求开店数量的华为和小米不同，在渠道上有优势的 OPPO 开始疏通遍布全国的渠道，这使 OPPO 在 5G 争夺战中占据了一定的优势。

其实，在如今新媒体层出不穷的时代，直销是比较好的销售渠道，其销售过程既短又直接，使得企业不仅能直接控制产品的营销，还能快速得到客户的反馈。其中，单环节直销和多环节销售也是不错的渠道选择。

第16招——拒绝过度

特劳特在《定位》一书中写道："我们的社会已经变成一个传播过度的社会。"的确，对于一些品牌来说，存在过度传播的嫌疑。其实，无论在哪一时期，传播过度都并非好事。

传播过度简单来说，就是指企业在运作中过度依赖传播手段，如广告、促销等，而忽视战略管理和系统管理，忽视长期竞争优势地位的建立。

过度传播是令企业的定位和营销策略最终前功尽弃的主要原因之一。太多的企业都忙于向消费者传播本企业的品牌或产品，企图说服消费者购买，却忘了，人们的头脑是阻隔当今过度传播的屏障，它会把其中的大部分内容拒之门外，只留下加以简化且容易记忆的信息。

过度的传播是一种自拆台脚的做法，因为它会逐渐损害本来卓有成效的传播。

铂爵旅拍曾被某平台选为"2019年烦人之最"，尽管如此，提到铂爵旅拍，人们还是会想起那句极其洗脑的广告语："铂爵旅拍，想去哪拍，就去哪拍！"

从某些意义上来说，这也算是一个经典案例，铂爵旅拍的广告铺天盖地，在电梯里各种视频广告中循环式地播放，很多人表示受到了铂爵旅拍的精神攻击，甚至不少人还将此事视为广告圈的倒退。通过"粗暴洗脑的广告内容＋斥巨资投放"，铂爵旅拍这个品牌实现了"洗脑式"的传播效果，因而成功出圈，成为中国极具知名度的婚纱摄影品牌之一，但同时也引来恶评一片。

为什么会出现这样的结果呢？主要是因为它犯了品牌传播的大忌——过度传播。

由此可见，过度传播虽然短时间内可能会给品牌带来巨大的曝光量，但也会给品牌造成不好的口碑。

只要企业的产品质量和服务质量过硬，做一些适当而必要的传播推广是能够使企业走得更远的。但是要注意，在传播过程中，越多反而越少。向消费者输入过量的信息，很可能会堵塞传播渠道，结果使得真正有意义的、重要的那部分信息根本没有进入消费者的心智。

在这个传播过度的社会里，企业要想获得成功，唯一的希望便是拒绝过度。拒绝过度之前，首先需要弄清楚过度传播的几种形式，如过度广告传播、过度价格营销、过度细分市场等。

过度广告传播是指企业为了追求品牌或产品曝光量，不顾企业的实际情况大打广告，广告支出与广告营收不成比例，从而造成品牌资金链紧张。

过度价格营销是指企业为了进行市场促销不惜大打价格战，使产品售价远远低于生产成本或进价。

过度细分市场则是指企业为了迎合市场需求，对其需求差异性划分得过于细致，从而造成经营成本无端增加。

理性决策、建立预警系统是预防和纠正品牌过度传播的两种不错的方法。

不管哪一种形式的品牌过度传播，都会使企业陷入困境，使品牌名誉受损，所以，企业切不可掉以轻心，一定要拒绝过度，避免一失足成千古恨。

第17招——适度曝光

当下已经不是酒香不怕巷子深的年代了，如今的企业面对的是全国甚至是全球的客户，所以，品牌营销宣传必不可少。但是，所有的品牌营销活动都应适度，否则，过度生产、过度营销、过度扩张、过度

"多元化"，不但会使企业经营成本增加，导致企业入不敷出，还会引起人们的审美疲劳，被人们厌烦，而企业最终也往往难逃昙花一现的命运。与"过度"相对的是"适度"。特劳特在《定位》一书中，一再强调这个社会是传播过度的社会，这便可以说明，他是反对过度的。

"适度"是人生最大的智慧，能使人少犯很多错误，少走很多弯路。"适度"也是企业最重要的经营之道。在企业的营销活动中，使用适度曝光的品牌传播策略会给企业带来良好的品牌知名度、美誉度和忠诚度，而品牌知名度、美誉度和忠诚度的打造是一个持之以恒的过程，除了可以借助媒体推广外，还需要渠道、终端推广。所以，企业在品牌传播时不但要善于打组合拳，还要有计划、持续地推广，即适度曝光，把握好分寸，在尽可能不影响品牌形象的前提下促销、降低库存，这也是对企业权衡短期利益和长期发展的智慧考验。

那么，品牌应如何避免过度营销，达到适度曝光的效果呢？

首先，适应时机，保持谨慎。选择合适的时机对品牌进行传播可能会收到意想不到的效果，这就是所谓天时地利人和。例如，很多品牌喜欢追热点，做营销，如果选择正确，效果显著，但是选择了不合适的热点则会造成"翻车"。比如在国家哀悼日进行品牌营销，很可能会招致一片骂声。对于大品牌来说更是如此，每一个对外沟通的时机都要格外慎重地去思考，只有保持真诚，才会带来更好的口碑。如在新冠疫情暴发后，一些企业尤其是大企业积极为疫情下的民众和医务人员捐款捐物资，他们的初衷本是为了向社会献一些爱心，却达到了品牌推广的效果，可谓一举两得。

其次，精细化传播。精细化传播要求企业考虑到更详细的场景和更细致的消费者感受，依此去设计传播形式，这会大大提高消费者的舒适度。根据受众的差异化去设计品牌的差异化、传播策略与方式的差异化，这样才能带给消费者更精准的刺激。

当然，尽管企业选择了适度曝光品牌的传播策略，但还是需要进行广告内容的灰度测试。因为每个人都是独一无二的，因而对于同一件事情每个人可能都会有不同的认知和要求，这对品牌传播也是一种挑战。所以，在进行品牌传播之前，进行小范围的灰度测试能够帮助企业避免一些不可弥补的错误。

总之，企业在品牌传播方面不能太主观、太膨胀，要理性决策和适度经营。

第18招——创造第一

特劳特说："进入人们大脑的捷径，就是争当第一。"他列举了很多争当行业第一的例子：影像行业的柯达（Kodak）、计算机行业的IBM、普通纸复印机行业的施乐（Xerox）、租车行业的赫兹（Hertz）、可乐行业的可口可乐、电气业的通用电气公司（GE）……而这些第一个占据人们大脑的企业名称很难从记忆里抹掉。

所以，企业在树立品牌时，最好能拿出最好的产品，如果能成为行业中的头一份，则更为理想。

正如特劳特所说，品牌定位的一个有效方法就是争取在消费者心里占据第一位置。人的记忆具有"首因效应"，因此人们很容易记住同类事物中的第一个，之后的便很难印象深刻了。如果产品本身并非同类产品中的第一，那么企业就应该寻找消费者的心理空间，使产品在某一重要方面占据消费者心理空间上的第一位置，这样便会为品牌赢得一批忠实的顾客。

2019年11月，飞鹤乳业在港交所成功上市，成为中国历史上首发市值最大的奶粉企业，也成为中国婴幼儿奶粉市场的行业领军者。能够在短短几年内创造出多个第一，这与飞鹤的几次战略调整有着很大的关系。

2015年，飞鹤提出"更适合中国宝宝体质"的品牌战略定位，向消费者传递的信息是"什么样的奶粉更适合中国宝宝"，坚持"一方水土养一方人"的理念。2019年，为了更好地满足市场需求，飞鹤调整了产品结构，放弃了主要面向低端市场的"飞慧"系列，把主要精力放在了高端产品上。"飞鹤奶粉，高端销量遥遥领先。"这句广告语也使人们记住了飞鹤的高端产品。在加大对科技的投入的同时，飞鹤也开启了国际化战略，从国产品牌迈向世界品牌。

可见，一旦企业创造出同类产品中的第一，便可以利用品牌忠诚度来留住消费者。品牌忠诚能为企业带来稳定而持久的利润。研究表明，品牌忠诚与品牌利润成正比。提供令消费者满意的产品和服务、对消费者投诉做出积极反应、不断提高服务水准等都会提高品牌忠诚度。此外，要想使消费者对品牌忠诚还需要为品牌创造动力，如不断注入科技创新的活力、借助品牌策划来扩大影响力、用文化塑造品牌持久的生命力等。

第19招——牢记教训

特劳特曾在《大品牌大问题》一书中阐述了某些公司所犯下的错误以及为此付出的惨痛代价，并且总结了企业最容易犯的低级错误以及这些错误给我们带来的启发。

有些企业喜欢与地位稳固的对手甚至是同行业内的领导者展开正面厮杀，这种做法实在令人难以理解。它们明知对手的实力，但还是不顾一切地冲上去。在营销战争中，这种"实力不足的进攻"每天都会发生。为什么不吸取教训避开行业领导者从而另辟蹊径呢？针对这种情况，与其跟风与已经拥有优势的竞争对手作战，不如进行差异化战略。

很多企业虽然不与竞争对手正面交锋，也舍得投资为产品或品牌做宣传营销，在战略上也是下了大功夫的，但给人的印象却是，虽然记住了大量有关这一产品或品牌的宣传词，但并不明确企业的品牌是什么。要想从这一教训中吸取经验，便需要企业清晰地宣传产品及产品的各种信息。

在当下，每个企业都是在马不停蹄地往前赶，甚至没有好好总结一下走过之路的经验和教训。其实，经验的好坏往往决定着企业是会遭遇再一次的滑铁卢，还是会跳跃式往前发展。

Levi's（李维斯）是来自美国西部最闻名的牛仔裤品牌之一，创立至今已有近170年的历史，这样一个古老的品牌，也曾有过错误的决策，而它之所以还能出现在人们的视野里，是因为它已经认识到了自己的错误，并牢记教训，积极转变策略，跟上了新的市场时代。

Levi's从开始为粗犷不羁的淘金工人设计牛仔裤那天起，便有着渴望自由、独立、理想的生活态度，有其最直接的表现方式，并带有鲜明的符号意义。之后的每一个时期，Levi's都能根据时代特征找到恰当的切合点，满足大部分消费者的需要。不过，荣光之后，Levi's的路慢慢走偏了，渐渐丢失了本土年轻人市场，有些年轻人甚至称其为"爷爷穿的品牌"。

有人对Levi's的失败战略进行分析，总结出几点经验教训：面对竞争，忙于控告同业抄袭，忽略了创新；忽视对未来年轻市场的吸纳和规划；品牌创意缺乏"本土化"；错失数字营销时机……2003年，Levi's用"低价格+超市卖场"的方式来刺激销量的增长，此举拉低了品牌形象。此外，在美国超市投放大众化、廉价系列，却在亚洲主攻中高端系列，让其亚洲的消费者在心理上感觉被冒犯。

如今，Levi's的商业价值只有20年前的一半，这一教训值得所有企业牢记，并警醒企业要从自身问题出发找到恰当的解决之路。

第20招——与众不同

特劳特在《定位》一书中阐述了让品牌变得与众不同的方法。例如，找到一个独特的位置，且必须放弃传统的逻辑思维；给品牌一个独特的定位，在消费者的头脑中占据一定的位置；或是独特的销售主张……这些都可能会使企业、企业的产品或品牌变得与众不同。

其实，使产品或品牌与其他产品或品牌呈现差异化，是使其与众不同的关键。实施差异化需要从以下四个步骤来进行：

第一，在所处行业中，差异化要有合理性。比如奔驰的舒适度、宝马的驾驶感、沃尔沃的安全、日系车的省油等，都是在市场需求的合理性之下，人们创造出的新概念，以满足用户群的需求。

第二，基于市场调研，找到差异化概念。这个概念，可以和产品相关，或是可以按照品种、稳定性等方式去区分。

第三，为产品和消费者之间建立信任状。这些信任状正是消费者信任企业和产品与众不同的基石。

第四，最大化传播产品差异化。这一点是在前几点的基础上而言的。

通过以上几个步骤，可以采取以下方式方法尝试实施差异化战略：

找出自己的独特性。避免和竞争对手处于同一特性中，一定要找到属于自己的特性，如海飞丝去屑，突出去屑功效。

争做第一。人们普遍认为第一个出现的产品是原创，其他都是模仿者或冒牌货。而原创意味着更正宗、更专业、更值得信赖。可见，"第一"的重要性。

占据领导地位和经典地位。领导地位和经典地位并不完全是指本行业内的第一，而是该品牌和该品牌所在的领域有高联想度以及高代表性。比如，提到百度，我们会立马想到搜索引擎；提到外卖，我们则会立即想到美团；提到葡萄酒，我们会想到法国；提到伏特加，会想到俄罗斯；提到白酒，则会想到中国。

力推新一代产品。每一代新产品，都有技术的更新或体验的进步，而最终消费者收获的，是综合品质的提升。

紧跟流行趋势。很多时候，流行代表着一类人的差异化，而产品要做的就是紧跟流行。

提炼专业度。苹果手机在手机市场上一直处于遥遥领先的位置，就是因为其超前的用户体验和设计感。

利用热销数据，即通过销售数据，给用户心智一个预期，并告诉他们，自己的品牌在行业中是最厉害的。

可口可乐之后，出现了百事可乐。因为可口可乐已经占据了行业的领导地位，在很长一段时间内，百事可乐都陷入了思维的死胡同里。虽然百事可乐积极地做着各种营销活动，试图告诉消费者百事可乐和可口可乐是同一种味道，但是人们还是喜欢贴了可口可乐标签的可乐。后来，百事可乐改变定位方向，把消费的主要对象确定为年轻人。此后，百事可乐销量大增，成功占据了可乐饮品行业第二的位置。

要想使产品或品牌与众不同，不是某一种策略所能决定的，而是要把定位贯彻到企业运营的方方面面。

第 3 章

领导地位

第21招——唯你不可

当企业品牌或产品发展到成为行业内或同类别中领导者位置的时候，一些企业可能会盲目自大，自以为"第一"的地位很稳固，整日沉浸在自满自豪之中，这样的企业会很快处于危机之中。举个例子，美团在外卖领域处于领导地位，随着外卖业的不断发展，同行业内会出现不少新生的企业与之竞争，如果美团一味以老大自居，不采取任何行动，那么，它迟早会被后来者超越。要想不被超越，除非企业在这一行是不可替代的。只有当你在本行业处于"唯你不可"的状态时，你的地位才是竞争者不可撼动的。

"香飘飘"奶茶成立于2005年，它首创固体杯装奶茶品类，2017年更是以"中国奶茶第一股"之姿登陆上交所主板。据权威数据显示，2012年至2019年，香飘飘奶茶市场占有率连续八年保持第一。此外，香飘飘还不断开拓海外市场，且在很多国家都成为当地热销的饮品。

如今，香飘飘在国内市场上的地位相当稳固，大有一种"唯它不可"的态势，究其原因，是因为香飘飘随着市场需求的变化，不断创新迭代新的产品；方便的购买渠道、高性价比的价格和良好的服务共同打造的用户体验……这些都是其在业内形成极强口碑效应的因素。

一个品牌要想做到唯其不可，首先，要具备一些标准或特质，能够代表一个品类、行业(细分领域)；其次，具有唯一性和不可替代性，能够为"客户、投资者、员工、社会"创造极大的价值；最后，对于市场和消费者来说，该品牌要具有极高的品牌知名度、美誉度和极高的用户黏性。

例如，百度已经成为搜索引擎的代表，在日常工作和学习中，想搜索信息时，我们便会打开百度，"百度一下"已经成了当下的一个流行词。此时，百度便是做到唯其不可了。

当下的微信，更是处于唯其不可的地位了，人们早已习惯于用微信聊天、交友，微信用户的数量更是远超其他聊天软件。

要想做到唯其不可，企业还应密切注视竞争者的动向，掌握竞争优势，不给竞争者可乘之机。

总之，在消费者需求越来越个性化、多元化的时代，挖掘出本企业产品或品牌差异化的特点，打造自身的不可替代性，才能够形成真正的品牌价值。

第22招——形象时代

特劳特认为，在产品销售中，声誉或形象比任何一个具体的产品特色更加重要。

品牌形象是品牌表现出来的特征，是消费者对品牌所有联想的集合体。一个鲜明的品牌形象，能够反映出品牌的实力与本质。

大卫·奥格威（David Ogilvy）是形象时代的建筑大师，他曾在演讲中说："每个广告都是对某一品牌形象的长期投资。"他还提出了后来广为人知的品牌形象理论，即当产品趋向同质化，消费者经验增加、不注重产品的差异，而是追求超出功能需要的感性价值时，企业的战略在于为品牌打造一个独特的形象。

形象时代最成功的案例是力士香皂。力士是最早进入中国市场的国际品牌，作为享誉全球的著名品牌，历来以卓越的品质和独特的明星气质深入人心。不论是在国内还是在国际，力士只邀请最当红的明星艺人为品牌代言，如埃及艳后、美艳女神凯瑟琳·泽塔·琼斯、时尚女王莎拉·杰西卡·帕克；中国明星有胡蝶、胡慧中、张曼玉、杨采妮、刘嘉玲、袁咏仪、朱茵、舒淇、张柏芝、蔡依林……力士的品牌战略就是塑造一个"当红女星容光焕发"的品牌形象。到今天为止，一提到力士，人们首先想到的便是某某明星代言过的香皂。这就是形象时代最深入人心的案例。

企业品牌形象是企业要素和观念要素在社会上的整体反映，即企业的识别系统在目标消费者心中留下的印象。

优秀的品牌形象能够使企业抢占先机。企业在市场上和消费者中能赢得更好的口碑是企业品牌形象塑造的目标，而市场和消费者的买卖行为更多取决于企业以及企业品牌形象的综合印象。

优秀的品牌形象能够反映出消费者与市场对企业的认可。企业品牌形象是用来传达企业文化、企业观念以及经营理念的，媒体则是向市场和消费者传递企业品牌形象的载体和工具。企业通过良好的生产经营、合适的营销传播，在消费者心中和市场中留下了良好的印象、口碑，这在一定程度上反映出的是消费者和市场已经认可和接纳该品牌了。

优秀的品牌形象能够吸引消费者。为了给消费者带来更加清晰的认识，企业品牌形象应当提前对自身进行准确的定位。

需要注意的是，无论是形象时代还是定位时代，都需要过硬的产品作为支撑。

第23招——长期投资

正如大卫·奥格威所说:"每个广告都是对某一品牌形象的长期投资。"特劳特也曾说:"定位就像人的一生,是个长期的过程。"

品牌从对消费者的吸引力的角度而言,可以分为品牌和名牌,这二者的区别就是被动和主动。一般的品牌要花费很大的工夫才能艰难地进入可被消费者关注的范围,而知名品牌的名牌效应则能更容易吸引到消费者主动关注,甚至购买。消费者的消费理念、喜好都喜欢追随名牌。这就是说,一个名牌的价值比一个一般的品牌的价值高许多。

每个企业都想做成名牌,但要注意根据市场的需要来进化和改变,这样的发展才是稳定且长期的。当今社会,每个企业都会面临短期生存和长期发展的抉择,为了更好地生存与发展,如何平衡短期利益与长期利益,就是企业在进行战略定位时必须考虑的问题。

从投资的角度讲,生产产品、销售产品属于"短期投资"。投资少,回报快,但利润不高。相比而言,"中期投资"投入的精力更大、资金更多、时间也更长,其品牌不再是一个产品,而是一种长期效应。"长期投资"则要比中期投资所用的精力、资金、时间还要多。拿经营名牌来说，它的品牌生命最少需要60年，当然，长期投资的回报绝对是短期投资和中期投资所不能比的，这一点不仅体现在产品本身，还体现在其附加价值，如消费者的情感价值、企业文化价值、产品本身的信誉和质量价值等。如果一个企业只注重短期投资，是绝对做不成品牌或名牌的。

要想把产品做成品牌，在确定基本的定位之后，需要的便是坚持下去。大多数成功的企业很少去改变自己的定位战略，改变的只是战术。

提起中国白酒，茅台绝对是NO.1。茅台酒曾经被誉为"国酒"，应该说与其悠久的酿造历史、独特的酿造工艺、深厚的酿造文化以及上乘的质量密切相关。我们不必考究茅台酒的历史是否真的有2000多年，但其从1951年国营茅台酒厂成立开始，至今也有70多年的历史了。和别的白酒品牌不同，茅台酒很少在各类媒体尤其是新媒体上做广告来宣传产品。有人可能会认为茅台是国酒，有国企背景便无须宣传，其实不然，背景再硬、历史再悠久的产品，如果在消费者心里不占据一定的位置，那消费者也不会买账。换句话说，酒的质量不好，再怎么加大宣传力度，消费者也不会买账。而茅台之所以能成为中国白酒行业的领袖，成为最具价值的品牌之一，是因为它在任何一个时期都以"诚信、独特、稀缺和珍贵"为品牌的核心价值，茅台酒做的是一个长期投资，而不是为了短期盈利。

因此，长期投资才能缔造品牌，短期投资得到的只是利润本身。

第24招——稳固地位

特劳特在《定位》中列举了很多长期处于领导地位且历经上百年时光的品牌。时至今日，它们的地位依然稳固。

在国内市场，这样的品牌也比比皆是，例如，太太乐鸡精主导鸡精市场20年，格力主导空调市场20年，海天长期主导酱油市场；还有海尔冰箱、公牛插座、南孚电池、九阳豆浆机等，在同行业内的地位都是比较稳固的，且这些品牌还将长期处于主导位置。

可见，处于领导地位的品牌能够获得较强的传播，且能长期让顾客重复购买。心理学研究表明，消费者倾向于购买自己使用过的品牌，当然，这一行为的前提条件是这些品牌值得信赖。

此外，领导品牌还具有延展性。品牌成为领导者后，就具备了抵挡跟随者进攻的资本，从而能使自己的地位更加稳固。

从1996年成立到现在，方太已经创下了许多个"神奇"。方太从成立之初即致力于为追求高品质生活的消费者提供设计领先、人性化、品质可靠的高端厨房电器产品。随着世界经济和我国国内经济的不断发展，人们生活水平不断提高，厨电行业需求日益旺盛，市场竞争也变得越来越激烈。为了能在竞争中立于不败之地，从2003年起，方太不断进行营销战略调整，以稳固其在厨电领域的领先地位。

最初，方太把自己定位在"厨房专家"。2006年，方太将定位调整为"嵌入式厨房电器专家"。2009年，方太又调整为"专业化、多品牌"战略。

2011年，方太把定位又调整为创建"中国高端厨电专家与领导者"，当时，方太的竞争对手有国外的西门子，以及国内的老板电器、华帝厨电等。两年后，由于西门子在竞争市场上并未给方太造成太大威胁，反倒是迎来了国内厨电品牌的集中反击，于是，方太放弃了针对西门子而提出的"中国高端厨电专家"定位，调整为"高端厨电领导者"的定位。

正是因为方太随着市场竞争的变化不断调整定位，才使得它能稳居厨电行业翘楚地位。在不断发展的过程中，方太始终在增强自己的核心竞争力，在科技研发方面取得很大进步。据统计，方太获得国家专利的数量超过1000项，发明专利数百项。

当然，人们在购买厨电时，如果凑巧因某种原因买不到方太，或者其他品牌价格要便宜得多，预期客户也许会买其他品牌的厨电。但是，这不妨碍方太依然是他们心中的NO.1。

第25招——拒绝仿效

特劳特曾说:"仿效产品毁掉了产品时代。拾人牙慧的公司同样毁掉了形象时代。"

简单来说,市场上后出现的其他相似产品都是"真东西"的仿效品。企业要想打造品牌,一定要拒绝仿效。

拒绝仿效,可以从两个层面进行理解:一是拒绝仿效其他品牌;二是不被其他品牌仿效。

很多企业认为,推出仿效别人的产品,且质量上胜过别人便一定能获得成功。但结果往往是背道而驰。仿效别人并不是直接照搬照抄别人的产品,而是需要改进,其间必然会花费时间,加之被仿效的品牌已经在人们头脑中建立了领导地位,即使仿效成功也很难在人们头脑中取得和领导者一样的地位。正如特劳特断言的那样,仿效产品的质量再好也不如原创品牌。拒绝仿效别人,便需要品牌根据自己的实际情况调整战略,保证质量,不断创新,再寻找大企业在某些方面存在的漏洞,从而找到消费者心中更适合自己的位置。

拒绝被其他品牌仿效则更容易理解，只要对品牌长期投入，把品牌做大做强，任凭其他品牌想尽办法也是仿效不来的。

好丽友产品在中国零食市场上占有一席之地，这与食品本身的品质是分不开的。除此之外，好丽友推出的一系列别人仿效不来的广告也起到了一定的作用。

好丽友有一则广告是这样的：一群小朋友到长城旅游，其间，一个小朋友体力不支，他的一个小伙伴一直陪着他，两个人落在了其他人后面。这时，这个小朋友实在是走不动了，很想坐下来休息。突然，他看到城墙垛上放了一盒好丽友，他既吃惊又高兴，因为这正是他想吃的！于是，他打起精神，收集起每个城墙垛上的好丽友来，收着收着便发现自己已经到长城顶了。在他尽情享受好丽友时，小伙伴在一旁默默地看着他笑，"真正好朋友，默默帮助你""好丽友，好朋友"的广告语随之响起。

这则展现珍贵友情的广告十分感人，很容易引起消费者的共鸣，同时这则广告也成了经典之作，一直没有被同类广告超越。

好丽友不仿效其他品牌，其他品牌也仿效不了好丽友，这便是好丽友的成功因素之一。

第26招——拒绝沉默

一些企业的管理者认为，只要产品质量过硬，不宣传也能把品牌做好！这种想法是错误的。那么，品牌宣传到底重不重要呢？品牌宣传是一种信息传播活动，能在同一时间内向众多的消费者传递品牌想要表达的信息，品牌宣传的好坏直接影响着是否能成功勾起消费者的购买欲望。

现在的社会是一个信息过剩的时代，酒香也怕巷子深，即使产品质量再好，如果不加以宣传，消费者不能亲眼见到产品，也不能通过其他渠道了解到产品，那么，产品怎么能达到畅销的目的呢？所以，要想做成品牌或是把现有品牌做大做强做好，企业一定要拒绝"沉默"，同时也要注意，不要因宣传效果不好立马放弃！特劳特也一再强调，这是个形象社会，一定要对品牌进行宣传。

拒绝沉默就是要将自身的资源进行整合，提炼出一个统一的企业形象，然后不遗余力地对这一品牌进行宣传。

品牌宣传不仅能够给企业带来更大的收益，还能提高企业知名度，塑造企业形象，建立企业美誉度，培养品牌忠诚度，对企业的发展起到事半功倍的作用。

有一些品牌，本身质量与产品都非常优秀，但由于没有制订适合的品牌宣传规划，导致品牌难以提升知名度，后继宣传推广乏力。所以，在进行品牌宣传时，可以重点在一些有垂直用户群属性的线上渠道进行品牌曝光，也可以邀请一些客户代表参加企业组织的线下品牌交流活动，以提升品牌的存在感。

寻找流量也不失为宣传品牌的一种好方法。所谓寻找流量，就是主动去寻找用户，进行品牌曝光。需要注意的是，在这些地方进行宣传时，一定要避免过于呆板或格式化的宣传内容，否则，很可能会事倍功半。

此外，企业还可以把用户保存下来，即沉淀用户，在必要的时候可以持续、反复地向用户进行品牌教育，强化用户的品牌认知。

在当下新媒体盛行的时期，还可以把企业和品牌做成相关的短视频，尽可能多地找到宣传渠道，在各个新媒体平台上进行发布。

作为企业与消费者之间最有效的沟通方式，企业的品牌传播不是一蹴而就的事情，而是要能服务于现实的营销需求，又要能兼顾到企业品牌资本的积累，这是一个长期的过程。

第27招——高调低调

有些企业的管理者认为，做人做事都应该低调，稳扎稳打，步步为营，太过高调容易被同行排挤，树立很多不必要的竞争对手。还有些企业的管理者则认为无论是做人还是做产品，都应该高调一些，博取眼球便是最好的宣传机会。

"谦虚低调"是中华民族的传统美德，是我们从小被灌输的做事做人的态度。那么，做品牌时，也需要低调吗？如果品牌低调到谁也不认识，低调到默默无闻，那企业做品牌就没有了意义。

特劳特在《定位》一书中一再强调形象，企业的形象是与品牌挂钩的，品牌得到宣传，会使企业形象深入人心。例如，提到金龙鱼，人们会立即想到它是食用油品牌；提到五粮液，则会想到它是中国名酒品牌。品牌高调亮相会给自己增添流量，也会令消费者对品牌的印象更加深刻，从而建立起独特而稳定的品牌形象。当形象在人们内心积累到一定程度，无须宣传也能得到消费者的认可。

高调做品牌能凝聚人心，给员工、合作伙伴以及客户带来正面、积极、有价值的影响，提高品牌价值，从而为企业发展注入强大的动力和信心。

此外，行动高调也很重要。做别人不会做的事，做别人不敢做的事，这样才会吸引到更高的关注度。

2020年，新冠疫情来袭，一夜之间，武汉成了谈及色变的城市，没有人愿意进入武汉，武汉物流也一度陷入瘫痪。这时，京东挺身而出，物资一批一批地驰援武汉，当载有100台制氧机的京东物流车由广州运至汉口医院时，钟南山院士特意手写了一封信，向京东致以谢意："感谢京东心系医疗救助一线，以最快的速度将急需医疗物资送达武汉。"

2022年春天，当上海因被新冠疫情席卷而导致物流梗阻时，京东不但将位于上海的一个未启用的物流仓改造成了一个应急方舱医院，而且在两天内调配了三千多名快递员为上海运送物资，用近乎"牺牲"的方式去保障上海的物资供应。

京东行动上的高调并非为了吸引更多的关注度，而是一种责任和社会担当的表现。

总之，高调、低调并不是绝对的，适度高调可能会给企业带来一些新的活力与生机，但高调过头往往会事与愿违，所以，高调、低调一定要视情况而定，且要适度。

第28招——建立品牌

企业要成长,首先要有建立品牌的意识。

建立品牌的意义和重要性前文零零散散地谈过好几次,这里再"老生常谈"一下。

第一,建立品牌能赢得消费者的信任,激发消费者的购买力。相同品质的产品一个被消费者百般推崇,一个被消费者弃之如敝屣,就是因为消费者更加信任品牌,尤其是大品牌。

第二,建立品牌有助于消费者辨认、识别所需的商品,有助于消费者选购商品。目前的市场是同质化竞争时代,面对大量的同类型商品,消费者很难从简单的识别中辨别出优劣,所以,大部分消费者在选择产品时都是看品牌,也就是说,企业之间的竞争成了品牌之间的竞争,谁抢先树立了品牌,让品牌被更多人知道,谁的品牌就更能受到消费者的欢迎和青睐,谁就抢占了商机。

第三,建立品牌能为产品溢价增值,增加产品的吸引力。品牌的建立和传播,有利于消费者形成品牌偏好,满足消费者的精神需求。例如,同样质量的鞋,如果是一个不知名的小厂生产的十八线品牌,卖价可能只有 100 元，如果是耐克品牌，即使款式不好，也能卖到至少 500 元的价格。为何会有如此大的差距呢？究其根本，便是品牌所带来的附加价值。

以上是从消费者角度简述的建立品牌的意义。从企业自身来说，建立品牌同样意义重大。

建立品牌能增加企业的凝聚力。这种凝聚力，一是能使团队成员产生自豪感，增强对企业的认同感和归属感；二是能增强企业的吸引力与辐射力；三是有利于企业美誉度与知名度的提高；四是它也是提高企业知名度和强化竞争力的一种文化力，这种文化力是一种无形的、巨大的推动力量，能让企业拥有持续发展的空间。

洋河蓝色经典以"世界上最宽广的是海，比海更高远的是天空，比天空更博大的是男人的情怀"的广告为人们所熟知，在琳琅满目的酒类产品中，洋河蓝色经典的蓝色瓶辨识度极高，一眼就能让人印象深刻。且洋河蓝色经典以宽广博大、宁静致远的男人情怀为品牌宣传重点，在同质产品中差异化显著，这也突出了其品牌形象。

正是因为建立了品牌，洋河蓝色经典才能在竞争激烈的白酒行业中脱颖而出，使那一抹蓝色成为众多消费者宴请宾朋的不二之选。

第29招——选择记忆

在这个信息过剩的时代,大量的信息涌入人们的脑海,但人的记忆是有限的,不可能把所有进入脑中的信息全部记住,而是会对信息进行筛选,对自己作用最大的信息加以记忆,即有选择性地记忆。就如特劳特所说:"第一人、第一高峰、第一个占据人们大脑的公司名称很难从记忆里抹掉。"

选择性记忆是指消费者根据自身的需求,在已被接受和理解的信息中挑选出对自己有用、有利、有价值的信息,然后将其存储于大脑中。

如果给一个产品贴上一个强有力的标签,做成一个品牌,便能使这一品牌在用户心智中留下独特"记忆"。这一记忆称为"品牌记忆"。当然,信息是否通过消费者的短期记忆而进入其长期记忆,取决于消费者接收信息复述的次数和形式。所以,在记住的过程中,企业品牌的使命是不断地重复,在重复当中建立起消费者对企业品牌的牢固认知。

提到恒源祥,人们不仅会想到它是知名的羊毛衫品牌,还会想到当年央视"羊羊羊"的5秒广告。恒源祥集团董事长刘瑞旗素有"中国品牌经营第一人"的美称,他认为,消费者的记忆有限,在充分了解消费者心理的情况下,应尽量减少消费者对品牌的记忆成本,于是,他创造的不可逾越的"羊羊羊"经典广告模式,使恒源祥迅速地从一个上海的老字号成长为全国性的知名品牌。"恒源祥,羊羊羊",这一朗朗上口的广告词一经央视黄金时段播出,便迅速传播到大江南北。尽管当时这一广告在社会上引起了一些争议,但其强化消费者记忆的成功效果毋庸置疑。

2008年是奥运年,恒源祥抓住这一难得的机遇,同奥运品牌联合在一起,成了奥运会的赞助商。赞助奥运实际上是为了不断刷新消费者的品牌记忆,补充恒源祥的客户群,为恒源祥打上奥运品质的烙印。品牌打造的时间越长,关于品牌记忆的时间就会越长,它的生命力也就越强。

恒源祥的经验告诉我们,一个企业要想成功,一定要具有很强的记忆点。

纵观近百年来的成功品牌,他们都有一个共同点,那就是它们之所以能够被记住甚至被广为流传,是因为它们都具有很强的记忆点,而且,这些记忆点要么是独特的、有个性的,要么是时尚的、经典的,要么是定位精准,要么是行业内的领导者,要么是有一个可以被消费者深深记住的灵魂人物。

企业要牢记,品牌名称、产品功能、品牌颜色、产品体验、品牌服务等都是品牌记忆的重点。

第30招——满足期盼

"满足期盼",即特劳特所说的"用以满足我们的肉体和精神需求的产品"。对于每一个企业来说,都希望企业产品或品牌能得到消费者的认可,能为企业带来利润;对于消费者来说,则希望企业能把产品或品牌做到尽善尽美,来满足自己对产品的期盼。如果产品能满足消费者的期盼,给予他们积极的体验,他们就会对品牌保持忠诚。一旦企业不能满足消费者的期盼,他们便会对企业失望,然后去选择其他品牌的产品。

企业的产品满足了消费者的期盼,便能使其品牌与消费者建立情感联系,营造消费者的品牌归属感。每一个成功的品牌都有其牢固的客户关系,这种关系饱含着热情和忠诚,即使竞争品牌提供给这些客户完全一样的产品和服务,他们也不会轻易转投其他品牌。

如果企业想突出品牌个性,不仅需要凸显品牌的核心价值,还要满足消费者对个性和品位的追求,这就好比交朋友,性情相投的人可以很快成为知交,相反,则"道不同不相为谋"。对于汽车、服装等外显性强、使用度高的产品而言,品牌个性的作用更大。例如,个性张扬的人在选择产品时会选择个性化服装，而讲究舒适的人就不会选择此类商品，即使衣服质量再好，哪怕是名牌，也不会选择。

大部分消费者喜欢跟随主流，这就是我们常说的从众效应。这时，如果企业能在营销过程中营造"大多数人都在做"的意见环境，便是满足了他们的期盼。

有些消费者认为机会越少，价值越大。对这些消费者来说，害怕失去某种东西的想法，比渴望得到某种东西的想法，对他们的激励作用更大。要满足这类消费者的期盼，企业可制造产品"稀缺"的氛围，以刺激他们的购买欲望。

大部分消费者喜欢买物美价廉的商品，但也有一部分消费者在质量相当的情况下，会选择买较贵的品牌，这是因为消费者有炫耀的心理且具备相应的经济能力，这也是十几万元的爱马仕包袋依然会供不应求的原因。

还有些消费者喜欢充满正能量或带有正能量的产品，这时，满足这类消费者的期盼，品牌就会获得用户的夸赞与认同。

此外，满足消费者的好奇心也是品牌得到认可的途径之一。

好奇心越是被压抑，就越是容易反弹。例如，企业可以通过制造悬念、假意禁止，或者通过预埋与铺垫"好奇心"线索等方式，刺激消费者的逆反心理，从而增强消费者与品牌之间的联系。

第 4 章

制造经典

第31招——产品阶梯

通俗地说，当消费者在选购某类产品时，往往会按照消费偏好将各个品牌在自己心目中按顺序排列。就如人脑里有一组梯子，这些梯子分为好多层，每层上都有一个品牌，而每个梯子则代表一类产品。一般来说，人脑中最多可分为七层，根据哈佛大学心理学家乔治·米勒（George A. Miller）博士的研究，普通人的大脑无法同时处理七个以上的信息单位。这就是为什么人们在列出必须记牢的事项时通常只能列到第七项的原因。

所以，对于企业来说，若想增加自己的业务量，要么把已有的品牌排挤掉，要么想方设法把品牌与其他企业的地位挂上钩。对企业来说如此，对企业的竞争对手来说也同样如此。

但是，在市场竞争中，我们看到的却是另一番景象：许多企业在进行品牌营销和广告宣传时，根本没有把竞争对手放在眼里，就好像对方的地位根本不存在似的。它们任凭自己在"真空世界"里宣传产品，最后发现是在对空气弹琴，于是才为自己的这番劳而无功感到失望。前文提到过，如果竞争对手的领导地位牢固，且没有犯什么实质性的错误，作为后来者，即使采取了一些手段和定位战略，在短时间内也是很难与之比肩的。

相关数据显示：同类产品中，品牌所处的阶梯越高，其市场占有率也就越高。其中，在第一阶梯上的品牌的长期市场占有率比第二阶梯上的要多出一倍甚至更多，而第二阶梯上的又比第三阶梯上的长期市场占有率多出一倍甚至更多。可见，哪个品牌占据了更高的阶梯位置，哪个品牌就更具有竞争力。

那么，企业该如何实施阶梯战略呢？可以从以下几个方面着手：

第一，提高品牌的知名度。例如，准确细分市场，打造特色产品。填补市场空白，做到人无我有；发现已有产品的缺陷和不足，做到人有我精；生产有鲜明特色的产品，提高产品知名度。同时，还应注意，品牌定位要突出品牌的核心价值，使消费者明白购买此产品的利益点。

第二，提高品牌的美誉度。例如，建立良好的企业信誉、树立良好的企业形象、注重品牌宣传的情感化、进行舆论危机管理等。

第三，提高品牌的忠诚度。例如，寻找忠诚消费者、向消费者提供优质的产品或服务、培养忠诚的员工等。

此外，当企业有了全新的产品之后，如果直接告诉消费者该产品"是什么"，消费者在众多的同类信息中不会再安插一个位置给这一产品，也不会有相应的心智空间或注意力资源分配给它；而如果告诉消费者该产品"不是什么"，则往往会引起消费者的注意，这比直接告诉他们产品"是什么"更管用。

第32招——品牌分类

品牌从广义来讲有很多种划分方法，例如可以根据产品生产经营的不同环节来划分，可以根据品牌的来源来划分，可以根据品牌的生命周期长短来划分，还可以根据品牌的行业来划分。

品牌从狭义来讲，品牌分类是指企业对本企业生产经营的并类产品分别命名的一种品牌策略。一个企业生产不同用途的产品，例如企业既生产食品，又生产药品；既生产化妆品，又生产农药。如果这些不同种类的产品都使用同一品牌的话，消费者会出现什么样的反应？消费者肯定不太容易接受：本来想购买食品，却往往让人想到同一品牌下的农药，总是令人难以接受的。所以，这种情况下，为了不使消费者对品牌产生混淆和反感，便不宜采取统一的品牌策略。像上述这种既生产食品又生产农药的差别种类的企业，可以根据产品的不同分类归属来采取多品牌策略，为各类产品分别命名，一类产品使用一个品牌，即品牌分类。

对品牌进行分类的优点不言而喻，例如，能避免传播的随机分散，能传达每一细分品牌的独特理念，推出新产品也不需要花费很大的成本等。

品牌分类虽然没有明显的劣势，但是如果处于目标市场利润低、企业营销成本高的情形时，那么，品牌分类策略不但会增加宣传推广的费用，还无法起到品牌整合的效果。

所以，企业如果想实施品牌分类策略，一定要考虑行业差别的大小和品牌延伸的领域。

美国宝洁公司是日用品生产商，也是目前全球最大的日用品公司之一。宝洁公司的业务遍及80多个国家，拥有300多个品牌，产品畅销160多个国家。产品种类涉及织物及家居护理、美发美容、婴儿及家庭护理、健康护理、食品及饮料等。其中，很多品牌都在各自的产品领域内处于领先的市场地位。

在中国市场上，宝洁公司香皂用的是"舒肤佳"品牌、牙膏用的是"佳洁士"品牌，卫生巾用的是"护舒宝"品牌，薯片用的是"品客"品牌，洗发水有"飘柔""潘婷""海飞丝"三种品牌，洗衣粉有"汰渍""碧浪"等九种品牌。此外，还有玉兰油、吉列、欧乐等众多品牌。

从宝洁公司的品牌分类策略我们可以看出，这种策略适用于生产与经营产品种类繁多的大企业，例如上例中宝洁公司这种企业，涉及吃、穿、用等众多领域，且这些产品之间的差距很大，这种情况下绝对不能使用同一品牌，而是应该对品牌进行分类。如果一个企业生产的产品没有明显的差距，且企业规模较小，产品也只涉及一两个领域，那么，对品牌进行分类就没有必要了。

第33招——对比定位

如特劳特所言："在如今的市场上，竞争者的定位同你自己的定位同等重要，有时甚至更为重要。"建立"对比"地位是一种典型的定位方法。例如，一家企业没有占据消费者心智第一的位置，那它就只能抢占第二的位置，且并非易事。

对比定位是指企业通过与其竞争对手的客观对比来确定企业自身的定位。在对比定位中，企业通过设法改变竞争对手在消费者心目中的现有形象，找出其存在的缺点和弱点，并用自己的品牌与之进行对比，从而确立自己在消费者心目中的地位。

南孚电池在中国电池行业属于龙头企业。在中国市场上，南孚连续28年创碱锰电池"质量、销量、经济效益、劳动生产率"同行领先水平。从价格上来说，南孚在同类产品中并不占据优势，它的价格比同类产品要高出三四倍。但消费者在选择电池尤其是在重要场合用到电池时，依然会选择价格高的南孚电池。为什么会出现这种现象呢？很简单，因为南孚电池"一节更比六节强"。虽然南孚并未明确指出其所生产的电池比哪些品牌的六节电池强，却能证明它的质量远高于其他品牌的电池，尤其是当消费者购买并使用过南孚电池后，对此更是深信不疑。

一般来说，消费者很难从两种不同属性的产品中做出选择，但是在同类产品中却很容易做出选择。因为在同类产品中，需要比较的无非是价格和质量，比如南孚电池的"一节更比六节强"，其使用寿命相当于普通电池的6倍，但其价格上并没有高出其他电池6倍，这便是它依旧能成为消费者心目中电池品牌老大的原因。

南孚正是通过对比定位找出竞争对手的不足与弱点，对症下药，用自己的优点弥补了竞争对手存在的不足，从而确立了自己在消费者心中的领导地位。

突出自己的优势，强调竞争对手的劣势，就可以形成错位，让自己的优势去对比对方的劣势，从而人为地扩大彼此之间的差距，并增强产品的说服力。

有些企业颇懂得采用"田忌赛马"的策略，即用自己的高档产品去对比竞争对手的中档产品，用自己的中档产品对比竞争对手的低档产品，这样就可以很好地将自己的产品优势衬托出来了。

对于消费者来说，他们更喜欢把品牌拿来对比，很多人可能认为喜欢比较的消费者是挑剔的，实际上，这类消费者喜欢货比三家，还常常意气用事。比如，他们认为某个品牌不能满足自己的期盼，就会多去对比几家。如果有合适的一款，他们会立马放弃第一次、第二次心仪的产品。所以，企业在宣传品牌时，自己先与其他品牌进行对比，找到自身能够留住消费者的利益点，防止消费者产生"别的品牌可能不会存在这种问题"的对比想法。

第34招——"非可乐"定位

"非可乐"定位其实是一种借力而为的品牌定位,即借力于某品类的第一品牌进行攀附,从而达到上位的目的。

这一定位策略的高明之处,是不直接与竞争对手进行正面交锋,而是利用对方的领导地位为自己服务。这一策略其实也是不得已而为之,当企业了解到占据同类产品第一、第二的位置的品牌无可撼动时,只能退而求其次,从而为企业品牌寻找到独特的位置和发展空间。

既然名为"非可乐"定位法,肯定是与"可乐"有一定关系的。的确,这种定位法是"七喜"公司开创的。在当时的美国,人们消费的每三份软饮料中,有两份是可乐类饮料,七喜正是因为看到了可乐市场的巨大,适时推出了七喜饮料。在当时,"可口可乐"和"百事可乐"在消费者头脑里占据着巨大份额。如果用产品阶梯分析当时的可乐类饮料,即第一层是可口可乐,第二层是百事可乐,之后便是不太容易被人们记住的其他品牌的可乐饮料。

那么,怎样才能让自己的品牌在可乐类阶梯中占据一席之地呢?七喜公司绞尽脑汁，终于找到了一个完美策略，即把"七喜"确定为可以替代可乐的一种饮料，于是，"非可乐"定位法诞生了，即通过把产品与已经占据预期客户头脑的东西联系到一起进行宣传。当然，消费者在喝"七喜"饮料时，虽然找不到任何"非可乐"定位理念，但会在头脑中认为这并非可乐。

采取了"非可乐"定位法，"七喜"的销量即使仍不及可口可乐和百事可乐，但"七喜"却因这一定位法成为世界上销量第三的饮料品牌。

企业要想给品牌找到一个独特的位置，就必须放弃传统的逻辑思维。传统逻辑认为，企业要在企业自身或产品当中找到适合自己的定位方法，而特劳特却认为，类似"非可乐"定位法则要到预期客户的脑子里去寻找自己的适当位置。

需要注意的是，"非可乐"定位法并不适用于所有企业和所有情况，在品牌定位中，如果竞争对手是市场领导者，且实力雄厚，这时，便可以采取"非可乐"定位法。如上例中的七喜根本无法与可口可乐和百事可乐做正面交锋，而要想在饮料市场占一席之位，便要迂回作战，否则，只能落得一个被击败的结果。

第35招——FWMTS陷阱

FWMTS陷阱是营销学中很著名的一个词语，其全称为"forget what made them successful"意思是"忘记了使他们成功的根本"。

很多企业失败后把原因归咎为产品或品牌定位不准、营销定位不合理……究其主要原因，无非是企业不能坚持自己的定位。特劳特在《定位》中强调："成功的定位需要始终如一，必须坚持数年如一日。"然而，每个企业打赢了一场漂亮的定位战之后，则往往会掉进FWMTS陷阱。比如他们只做了短时间的重复，在还没有和消费者形成良好的关系，自身的位置还没有在消费者心智中得到巩固之前，他们便放弃了赚钱的钥匙，这实在是可惜。

对于企业来说，如果想获得成功，决不能忽视竞争对手的地位，也不要离开自己的位置，即"球在哪儿，就在哪儿打"。不要自吹自擂，宣扬自己的愿望，不要把"我们要做行业第一"挂在嘴上。如果企业真有这样的实力倒也无可厚非，如果企业本无实力，哪怕只次于第一稳居第二的位置，企业如此宣传也会引起消费者的反感，让消费者觉得可笑，觉得企业宣传的品牌只是在自吹自擂，和处在第一位的品牌相比，属于不自量力。

落入FWMTS陷阱的典型案例便是上文提到的七喜公司。通过"非可乐"定位法，七喜公司获利巨大。但是，有一段时期，七喜宣传的口号是"美国处处有七喜"，这和当初定位的"可口可乐和百事可乐的替代饮料"显然不一致。后果怎样呢？"七喜"的市场份额只能达到位于第一的"雪碧"的一半。其实，七喜宣传的只是它的一个心愿，但它显然忘记了自己当初是怎样成功的，这也就落入了FWMTS陷阱，所以，它的这一口号起不了任何作用。

别以为占据领导地位的企业的日子过得轻松，其实，他们的日子过得比竞争对手更加紧张，因为要时刻提防着竞争对手的一举一动，提防着后起之秀超越自己，不敢有半点松懈，因为他们知道，一旦他们落入FWMTS陷阱，他们便很有可能从品牌的第一阶梯跌落，成为竞争对手的垫脚石。

第36招——由此及彼

由此及彼法是品牌定位中一种极其重要的策略。"由此及彼"的意思很容易理解，即从这一事物或人联想到另一事物或人，或者是由这一现象联想到另一现象。在营销领域，由此及彼法指的是企业为树立企业形象、确立自身的知名度和美誉度，在确定了某一目标市场后，期望能由这一目标市场给企业带来新的目标市场。这一定义也不难理解，消费者成为企业的忠实客户后，便会成为企业的"活广告"，这一口碑比任何高投入的广告宣传都有效，老客户会给企业带来更多的可靠客源。当然，这种策略的关键在于企业的产品质量和服务质量要绝对高于其他同类品牌或产品，此外，给客户提供优惠措施也是客户选择的必要条件。

特劳特曾在书中写道："即使公司可以推出一个了不起的产品、拥有一支了不起的销售队伍、发起一次了不起的广告宣传活动，但是，如果它恰好处在一个'无法由此及彼'的位置上，照样会一败涂地，无论它打算花多少钱也无济于事。"可见，由此及彼法是多么重要。

深究这一策略，可以看出这一方法无非是利用人性的弱点来达到很难直接达到的目标，很多人把这一策略理解为"挂羊头卖狗肉"，在很多时候，在没有办法直接达到一个目标时，利用这种方法也不失为一种明智的选择。

某企业想把自己新开发的产品推销给消费者，在正式介绍新产品之前，工作人员和在场的消费者们做了一个游戏，并告诉大家在接下来的产品介绍中会释放与游戏有关的信息，谁能截取到这个信息，谁就能领取到本企业精心准备的礼物。结果，在场的所有人都认真地听完了新产品的介绍。

不难看出，运用由此及彼策略时一定要掌握"此"和"彼"的联系，把两个风马牛不相及的事物强行拉到一起，往往会显得生硬没有逻辑，起不到任何积极作用，相反，有时还会起到反作用。而当掌握了一定的技巧后，运用由此及彼的策略便能收到令人意想不到的效果。例如，2月14日是情人节，在这一天，男方多会主动送女方礼物，于是，有些商家便突发奇想，把3月14日称为白色情人节，女方在这一天要回赠男方礼物；与3月8日妇女节相对应的则是8月3日的男人节，11月11日的光棍节……不管哪一种，都是商家为挖掘消费者的消费潜力而刻意设定的节日，其实在商家看来，欢度节日是次要的，能让消费者购买合宜的礼物才是设定这些节日的初衷。这便是最好理解的由此及彼策略。

第37招——精神不死

特劳特深知精神的重要性，他曾说："只要一个人付出足够的努力，任何事情都可能办到。"他还说："无论我们怎样努力，无论我们投入多少兵力和金钱，这个问题总是不能通过外力来解决。"他这里所说的外力，对于个人来说，无非是他人的力量，对于企业来说，则是指本企业以外的其他力量。

我们做一件事的时候，当遇到困难或是瓶颈，甚至一味地把希望寄托在他人身上，结果可想而知，持这种想法的人是很难获得成功的。

对于一个企业更是如此，主观上为自己设定不可逾越的困难，或是希望其他同类企业也能遇到更大的困难，或是通过对手的失败来获得己方的胜利，这样的做法本身便是错误的。这样的企业有可能一时会获利，但要想成为一个知名企业则是不可能的。

那么，什么样的企业才能获得成功呢？特劳特认为是那些精神不死的公司。什么是精神不死呢？精神不死即不管遇到多大的困难，都认为"我能行"。在面对困境时，首先要做到精神不死的是企业的领导者和管理者。精神不死，信念还在，无论企业遇到多大困难，都会战胜并取得最后的胜利。企业的领导者或管理者，一定要拥有强大的内心，这对企业尤其是处于困境中的企业尤为重要，领导者拥有强大的内心，企业员工才会有很强的向心力，一旦抱成团，便会是一股势不可当的力量。

综观世界知名的大企业，没有一家企业的成长是一帆风顺的，它们在发展过程中都或多或少地遇到过困境，它们之所以能在竞争中胜出，与企业自身所持的不死精神是分不开的。

精神不死即典型的"我能行"，只要我们足够努力，任何事情都可能办到。这里的"任何"是不是过于绝对呢？的确是有些绝对，对于企业来说，随着企业的不断发展，我们会发现，有时候，无论我们怎样努力，无论企业投入多少时间和金钱，个人或企业所遇到的困难始终都得不到解决，可见，盲目的"我能行"精神是行不通的。精神不死固然可敬，但这种精神的前提是：一定要量力而行。试想，一个不知名的小品牌明知不自量力，偏要怀揣不死精神妄图发展成行业老大，这无疑是拿着鸡蛋碰石头，当然，鸡蛋打败石头的可能性也不是绝对没有，只是希望微乎其微。

第38招——不怕失败

华为是全球领先的信息与通信基础设施及智能终端提供商，致力于构建万物互联的智能世界。作为华为的创始人，任正非曾说："我觉得失败不可怕，可怕的是再也站不起来。"从华为的发展历程不难看出，不管发展多么艰难，遇到多大困难，华为人都没有放弃过；失败了，站起来，继续往前走；一条路不好走，走不下去了，便换一条路走……总之，不怕失败才能获得成功。

纵观古今中外的历史人物，任何一位名人或伟人的人生都不是一帆风顺的，相反，他们的人生有更多的跌宕起伏。美国第16任总统林肯的一生坎坷不平，在他大半生的奋斗和进取中，大部分都在失败中度过。其中，有九次失败，三次成功，而最后一次成功便是当选为美国总统。林肯坚定的信念并没有因屡次的失败而动摇，相反，一次又一次的失败起到了激励和鞭策他的作用。面对挫折和失败，林肯没有退却、没有逃跑，而是坚持着、奋斗着，直到成功。

在面对困难、挫折的时候，如果我们也能像林肯那样不退却、不逃跑，坚信自己一定能成功，那么，我们体内巨大的力量便能得到发挥，无论在学习还是在工作上，便能获得进步与成功。

特劳特曾说："如果你尝试过多次后偶尔取得了成功，你在公司里的名声可能会很好，但如果你害怕失败，因而只做有把握的事情，你的名声可能反而不如前一种情况。"的确如此，害怕失败的人永远无法品尝成功的滋味，本着少做事不做错事的初衷，永远没有创新，即使安守本分，也不会有所作为。

对于企业来说，尤其是对于塑造品牌来说更应不怕失败。失败并不可怕，可怕的是对于失败充满畏惧心理，害怕失败便不会成功。华为便是成功品牌的一个缩影，每一个知名的品牌都离不开失败，即使有99%的失败，也还有1%的成功。

特劳特曾这样告诫企业家们，在人类大脑中某个角落里，有一个写着"失败者"的惩罚箱，产品一旦被放进那个箱子里，企业就没戏了。那么，这时企业该怎么办呢？不如回到起点，重新开始，推出新产品，再来一局。

有了品牌后，企业在市场竞争中才会有持久的生存能力。然而，品牌成功进入人们的心智便不会有失败了吗？不，还会有，但那只是暂时的失败，只要企业一直有新产品发布，便能吸引消费者的注意力，当人们能对企业的新产品提出建议后，企业对产品加以修正和迭代更新，便又能为企业增值。总之，此时的企业只要能充分重视创新，便不用害怕失败。

第39招——头部效应

特劳特在书中曾说："第一个进入人们头脑的品牌所占据的长期市场份额通常是第二个品牌的两倍、第三个品牌的三倍。而且，这个比例不会轻易改变。"前文我们也不止一次地提到这种现象，要想使本企业的品牌在同类品牌中脱颖而出，一定要抢占领先地位。这里的领先地位、领导者，指的是本行业内的头部。所以，有人说，一个人或一个企业如果想获得持续上升的状态，就要遵循头部效应法则。

先来说说什么是"头部"，所谓"头部"，指的是一个人或一个企业所在领域有高价值、有绝对优势。头部效应即因所处领域的位置而给自己带来更多的关注和更多的资源。

对于企业来说，一旦成为某个领域的头部，带来的高关注度会帮助企业获取更多的正向反馈，这些正向反馈会给企业带来更多的好声誉，好的声誉会带给企业更多的机会、更高的收益，这些又能让企业可以投入更多的资源，继续扩大优势，最后的结果便是处于头部的企业会获得最高的增长率。

不管是企业，还是个人，只要是被称为头部的，他们都有着共同的特点，即专注做高价值的事情。因为他们相信，只有专注，才能做到极致；只有高价值，才会带来高回报。

有人做过一项调查，数据显示：在一个行业里，头部品牌吸引的消费者注意力大概占40%，第二名占20%，第三名占10%，其他所有品牌则共占30%。可见，头部会带来很多的关注和品牌影响力，随之便是更高的收益。而紧随其后的效仿者便与"头部"有着天壤之别了，这种差别在高科技和数字经济领域尤为明显。

对于一个企业来说，如何才能占据头部位置呢？首先可以选择头部"赛道"。赛道就是企业所在的区域、行业等。例如选择行业，金融、互联网、数字经济等智力密集型行业是头部，发展速度比传统工业制造业、服务业要快很多，收益自然也会很高。

要想和可口可乐公司一样占据行业头部位置，还需要利用众多的策略，例如不断提升产品质量，在确保优质的前提下，利用各种营销策略来提高品牌的口碑。一旦一个品牌在消费者心智中占据重要的地位，那么这个品牌便会在消费者头脑中根深蒂固，前文说过，人们的心智最多只会记住同类品牌中的前七个，如果你的品牌在这七个之中，还能位列第一，那么恭喜你，你的企业正在从头部效应中受益。

第40招——领先地位

作为定位理论的先驱和全球最顶尖的营销战略家，特劳特对定位的理解相当精准。他认为，定位不是企业对产品要做的事，定位是企业对预期客户要做的事。换句话说，就是企业要在预期客户的头脑里给产品定位。结合这一节所学的内容，便是企业要使产品在预期客户的头脑里占据领先地位。

在同类产品中占据领先地位的好处有很多，如上节所提到的第一个进入人们头脑的品牌所占据的长期市场份额通常是第二个品牌的2倍、第三个品牌的3倍。而且，这个比例不会轻易改变。例如，当我们打算购买可乐类饮品时，会很快想到可口可乐和百事可乐，他们都在我们心中占据重要地位，但根据有关数据显示，百事可乐每卖出4瓶，可口可乐便能卖出6瓶，可见，即使百事可乐的销量再可观，也始终超越不了可口可乐。其实，在任何产品类别中，排名第一品牌的销量总是大大超过排名第二的品牌。

特劳特说，必须用预期客户的标准来确立领先地位，但同时，特劳特在《定位》中也告诫大家：同市场中居于领先地位的对手展开竞争固然有取胜的可能，但"直接"取胜的希望很小。而且，占据领先地位的产品和品牌在形势未定的时候都投入了大量的营销资金，在竞争对手地位还没有确立之前抢先一步占据了有利地位。

前文曾提到，占据人们心智第一位的品牌能吸引消费者40%的注意力，第二位能吸引消费者20%的注意力，第三位吸引消费者10%的注意力，其余的所有品牌只占剩下的30%。可见，领先地位的品牌占据着消费者70%的消费份额。

其实，对于"领先"的理解，光从收益上判断似乎有失公允，当然，收益只是一个重要的衡量指标。只要产品有一个方面在同类产品中占据领先地位，那也算是成功的。例如，某个企业虽然在行业内算不上第一、第二，但其企业的某项技术却处于行业内领先地位，这样的企业也会获得较高的收益，比如其技术可以自己使用，也可以卖给其他企业。而那些在行业内不能领先，又没有领先技术，甚至没有争夺领先地位的想法的企业，是没有任何竞争力的。

第 5 章

市场专长

第41招——保持领先

俗话说，打江山不容易，守江山更难。对企业来说，占据行业领先地位可能并非难事，但要在行业内一直保持领先地位就没那么容易了。品牌做到一定程度，已经占据行业领先，这时候，品牌策略就会发生改变，从"攻势"转向"守势"。品牌转向"守势"，就和守江山一样难了。

特劳特观察了很多世界知名企业并总结出一条经验，那就是：领导企业应当利用其短期灵活性来确保长期稳定的未来。事实上，处于领导地位的企业，一般都是那些在人们头脑里树立产品阶梯，并且只把其品牌牢牢地固定在唯一一层上的企业。

面对其他品牌的挑战，怎么才能保持领先优势呢？

首先，要将品类蛋糕做大。如果在某个品类里，品牌已经做到了领先其他品牌，便可以选择品类之外的对手，通过挑战品类之外的对手，将品类蛋糕做大。挑战品类之外的对手，看似"攻势"，实质上是"守势"，即守住原品牌的领先优势。即使一个行业领先的品牌，如果没有活跃度，随着新品牌的不断出现也会对其领先地位造成威胁。所以，要想保持企业的领先地位，将品类蛋糕做大势在必行。

其次，要完善品类的生态链。迈克尔·波特曾把差异化优势、聚焦优势以及总成本领先优势归纳为竞争力三大优势。而对于一个领导品牌来说，总成本领先优势就是完善品类的生态链。要想保持领先优势，需要在原材料上控制好成本，而这个成本优势则会使品牌保持持续性领先。拿乳制品来说，很多大品牌乳制品都有奶源基地，能为品牌提供优质且稳定的奶源。当然，不同的行业，有不同品类的生态链，在具有关键性作用的环节保持优势，是领先优势的必要操作。

最后，要时刻关注新生态。在如今的移动互联时代，新技术日新月异，稍有松懈，企业品牌的领先优势就有可能会被新生态击败。例如，过去的近 20 年的时间里，人们曾经把打电话、发短信作为主要的联系方式，为了击败竞争对手，中国移动、中国电信、中国联通不断变换营销手段来推销自己，结果，正当三者争来争去不分上下之时，一个新生态的交流平台——微信出现了。现在，很少有人再发短信，而是习惯发微信，语音视频通话也逐渐代替了打电话。可见，开创新品类，也是不断保持领先优势的核心所在。

第42招——用户标准

建立领先地位和保持领先地位对企业和品牌来说至关重要。那么，这种领先地位是以什么标准来评判的呢？就像特劳特所说"不能用自己的标准来建立领先地位"，而"必须用预期客户的标准来确立领先地位"。

沃尔玛服务原则曾被很多企业借鉴：第一条，顾客永远是对的。第二条，如果对此有异议，请参照第一条执行。随着时代的发展，"顾客永远是对的""顾客就是上帝"虽然被很多人质疑，但产品的购买对象却永远是用户，既然用户是企业产品的购买者，产品的各项标准便要符合用户的要求，如果一个产品没有使用价值，也没有欣赏价值，没有一项符合用户心中的标准，那用户购买它还有何用？所以，要想使产品拥有市场，并拥有良好的口碑，满足用户的标准是必需的，这里的标准包括产品本身的质量、功效、用途等，为用户提供优质的服务也是必不可少的。

在互联网时代，品牌营销的核心是一切以用户为中心，既要产品第一，又要口碑第一。企业想要把品牌做大做强，提高产品销量，首先要了解用户想要什么，以此为基础对产品进行定位。明确了目标用户群体，并洞察用户需要的是什么，才能对产品做出准确的功能定位，设计出符合用户需求的产品或是产品的各项功能。所以有人说，这个时代的品牌营销并不是投入的成本越多越好，而是应该从用户出发，比用户更了解用户，洞察用户的需求，开展精细化营销，这会比成本的高投入更有效果。

  在科技飞速发展的时代，要符合用户标准，品牌还需要不断创新，哪怕是微创新。现在普遍流行的用户体验便是一个能很好地为用户服务、使产品得到用户认可的策略。这一策略在很多行业内都被广泛运用，尤其是通信行业。例如，手机行业竞争激烈，很多手机品牌尤其是互联网手机品牌，几乎没有打任何广告，更没有强势的营销，那它们是靠什么得到用户认可的呢？它们靠的是用户体验、参与感等新打法，而这样的做法让传统手机难以招架。再例如，很多企业都拥有客户体验中心，客户在购买这一产品之前，可以先到体验中心进行体验，如果产品的功能等符合自己所需，再决定购买，如果不符合，体验后可以果断放弃。这样，便能避免造成不必要的损失了。

第43招——产品实力

海市蜃楼再美也终有消失的那一刻，要想建造起真正美观耐用的楼阁，一定要打好地基，这样楼阁才能耐风耐雨，不会轻易倒塌。对于一个企业和一个品牌来说，要想使企业长青、品牌长红，也需要牢固的地基，这里的地基指的便是产品，牢固的地基便指企业的坚实实力。

一流企业靠产品，如果企业一味地宣传自己比竞争对手强，一味地夸耀自己的品牌好，而产品质量却糟糕得一塌糊涂，即使消费者因一时的误判接受了产品，但迟早也会放弃对产品的信任。而这样的品牌发展也不会长久。

很多人错误地认为大品牌的产品实力来自企业的实力，认为因为企业有实力，才能塑造品牌，并使品牌做大。事实恰好相反，如果品牌的实力来自企业的实力，那么，企业的实力来自哪里？企业的实力来自产品的实力，来自产品在预期客户头脑里占据的地位。这是特劳特在《定位》中的一个观点。

例如，可口可乐公司拥有其他公司无法比拟的实力，但可口可乐公司仅仅是那一个行业实力的代表，一旦离开可乐业，可口可乐公司便失去了其领导地位，也不是占据消费者头脑中第一的可乐业大哥了。

产品实力对品牌来说至关重要。那么，产品实力表现在哪些方面呢？

看到一个产品，首先映入我们眼帘的是产品的外观。产品的质量好不好我们不能一眼判断出，但产品的外观是不是符合我们的审美和喜好，则能马上判断出来，这就是第一印象。这就需要企业在为自己的产品设计外观时要多方考虑，结合自己的产品，设计出最适合产品的外部形象。

产品实力通过材质即质量最能得到体现。质量好，就容易得到消费者的青睐，质量不好，则很容易在产品洪流中被淘汰。优质的产品就如同阳光雨露一般，是企业生存发展不可或缺的生命源泉。所以，只有不断提升产品的质量，才能提升企业品牌影响力，增强客户满意度。

此外，产品的价格也是产品实力的表现形式之一，如果某一品牌的产品价格在相同品类的产品中处于优势，例如质量好、价格低，这样的产品势必会受到消费者的欢迎。

第44招——绝无仅有

很多企业不喜欢冒险，而是喜欢仿效本行业中的一些领导品牌。仿效别人固然风险小，但却缺乏创新，取胜的机会很小。要想使你的企业和品牌能立于不败之地，最好你的产品能绝无仅有。

特劳特在书中不止一次提到"要想找到一个独特的位置，你必须放弃传统的逻辑思维。传统逻辑认为，你要在自身或你的产品当中找到定位观念。不对，你必须做的是到潜在客户的心智中寻找。"特劳特还强调，创新出的新的、不同的产品必须与原有的产品相关，否则在人们的头脑里会没有立足之地。为此，特劳特还举了世界上第一辆汽车的例子，在当时汽车不知该被命名为何物，那时普遍使用的交通工具是马车，所以，第一辆汽车便被命名为"不用马拉"的车子。

每个品牌都应有其与众不同的地方。要想使自己的品牌能鹤立鸡群，那就必须找到与众不同之处，哪怕与众不同之处很微小，不是那么引人注目，不是那么光彩夺目。但如果它能够清楚地描述自己品牌的特征，与其他品牌形成区分，能以此来展现自己品牌的独特性，彰显出自己的独到之处，那么我们就可以说，这一产品是绝无仅有的，至少这一产品的一部分是绝无仅有的。这就是品牌的价值所在。

在如今这个竞争激烈的时代，要想真正做到绝无仅有是不可能的，没有哪一个行业中只会有一个品类，没有哪一个品类中只有某一个产品。即使创新出一个新产品，在这个产品之后也会快速出现很多跟随产品，结果，众多产品的质量和功效等仍不相上下，那就糟了。

因为产品有独到之处，而且这一独到之处强调的也正是客户或者消费者所关注的，那么，品牌便会自然而然地给消费者留下深刻的印象，这样，便赋予了产品以灵魂。

当然，独特性的价值，不只是为了获得消费者的欢迎，使消费者对产品获得更清晰的认知，更重要的是能让企业获得更高的销量和利润。

从消费者的角度来说，他们更加喜欢独具魅力的品牌。例如，一件独具特色的衣服能突出一个人的个性，当这个人穿着这件衣服走在街上时，能吸引很多行人的目光，回头率颇高，这样的一件衣服怎能不受人青睐？当然，这也是因人而异的，有些人仅仅是喜欢随大溜。

第45招——拦截对手

"拦截对手要迅速,然而,要想使拦截行动行之有效,时间是关键。你得在新产品还没有在预期客户的心智里扎根之前就主动去拦截它。"特劳特在书中提到的拦截对手是什么意思?

"拦截对手"就是整合企业所有的广告、促销、产品、渠道等资源,用这些资源来影响消费者选购意愿的手段和方式,简单来说,即通过各种策略对消费者进行包围式的心理诱导,最终从竞争对手那里抢夺顾客,并让顾客成为本品牌的忠实拥护者。

对于企业来说,只要拦截住竞争对手的行动,就能永远走在前面。那么,拦截对手的策略包括哪些呢?

第一,用产品拦截对手。即根据产品自身的特点在较短的时间内将产品的功能等充分展示给消费者,吸引消费者层层深入了解产品。例如,五一国际劳动节、十一国庆节等节日时,可围绕人们热衷于旅游、婚庆等对产品进行包装,充分展示出时尚化的生活需要,以此来对比竞争对手的产品。

第二,从源头拦截对手。即在目标消费群的生活区、工作区进行产品宣传和促销拦截，这种拦截方法更直接，更明了吗，更快捷，更有针对性。当然，源头拦截必须在竞争对手行动之前进行，如果对方先一步进驻目标消费群的生活区和工作区，再跟随进入也就没有意义了。源头拦截比较常见的方式有社区服务活动、社区促销演示或文化娱乐活动、居民点的产品广告牌等。

第三，营销人员拦截对手。即通过营销人员的认真观察、细心劝说来强化消费者的购买意向。要想利用好这一拦截对手的策略，必须要重视对营销人员的培训，包括产品知识、促销技能和沟通技巧等方面的培训。

第四，从高空拦截对手。即利用电视、报纸等媒体在相应区域发布促销广告，使促销信息比竞争对手先一步传输给更多的消费者。高空拦截有很多好处，如能充分起到先入为主的效应、能避开激烈的终端竞争和庞杂的信息等。

第五，多品牌拦截对手。宝洁公司采用经典性的"多品牌"战略实际上也是通过多品牌战术对各个行业的市场进行拦截。为了保持领先地位，宝洁把每一个涉及品类的领导者位置抢占过来，这样，竞争对手便很难见缝插针了。

当然，纯粹的拦截行动往往很难在企业内部得到支持。因为企业的管理层并不会把新产品或新型服务看成发展机遇，而是将其看成竞争对手。面对新出现的产品或服务，企业不必慌张，如果能把其利用好，则很可能会使自己的品牌更上一层楼。

第46招——反应敏捷

特劳特在书中写道:"拦截对手要迅速。"一旦竞争对手推出了一个十分新颖的产品或概念,企业自身的反应一定要注意:第一是快,第二是快,第三还是快。有了这个快速反应再想行动方案。要想使拦截行动行之有效,时间是关键!营销战中的拦截行动与帆船比赛中的拦截战术差别不大:绝不要让对手摆脱你的船帆的阻拦,进入开阔水面,你无法预测以后的结果,也根本说不好风会朝哪儿吹。处于行业领导者地位的企业或品牌只要拦截住对手的行动,就能永远走在前面,无论风朝什么方向吹。

特劳特在《定位》一书中举了一个例子,当年一种名为"Datril"的退热镇痛药企图对退烧药老品牌泰诺发起价格战,强生公司为了拦截对方的进攻,在其价格广告还没有大面积推广时,就直接采取了降价策略,以"泰诺"的降价击退了对手的进攻。

领导者要拦截住对手的行动,就要反应敏捷。

当下的市场环境瞬息万变,企业的反应敏捷是保证企业生存和发展的最重要因素,没有之一。

当下企业在定位敏捷性方面，是基于由下而上管理路径的决策机制。一线员工对客户问题、市场走向和流程效率的感受最深，从而也就最有可能了解挑战和机遇，并贡献有益于企业的决策。因此，反应敏捷的企业往往都是在低级别形成重要的决策。

在这种环境中，CEO 和高管们更注重创建一种敏捷的企业文化，从以下十个维度着手可以提升企业反应的敏捷性：

第一个维度：市场快速响应。大数据时代，反应敏捷的企业更知道如何利用数据。由于网络的存在，以及社交媒体的推波助澜，客户的态度和行为可能在短时间内就发生巨大变化，企业必须实时采集客户数据并将其应用于决策支持。

第二个维度：渠道整合。如今，客户可以通过多种渠道与企业进行交流与互动。反应敏捷的企业会在各个部门和渠道之间形成信息共享和有机整合的机制，以此为客户提供横跨物理、电话、Web 和移动触点的一致性体验。

第三个维度：知识传播。如果决策所需的知识更易获取，企业就能够做出快速敏捷的应对。比如，管理层级的削减可以带来决策过程的加速。

第四个维度：数字化氛围。数字化的介入使得产品和服务能够以极快的速度交付市场。因此，为了在竞争中获胜，企业必须利用好数字化工具来设计产品和服务。

第五个维度：变更管理。变化已经成为常态。企业必须构建可重现的流程来应对变化，比如价格战、瞬间应对新的竞争态势等。

第六个维度：商业智能。商业智能可以深度挖掘对企业有用的信息，为理解业务的驱动和挑战提供透明度上的支持。

第七个维度：基础架构的弹性。IT把注意力从数据中心转向基于云的方案，企业因此可以快速构建新的服务。

第八个维度：流程体系。为了应对客户的变化，企业必须重新设计流程，包括工作模式、规则和模板，以更好地利用新的客户触点，比如平板电脑App和手机版网站。

第九个维度：软件创新。这是企业流程创新的核心所在。当问题发生时，反应敏捷的企业可以快速地获知并巩固相应的核心技能。

第十个维度：外包和供应链。供应链的意外失灵将使效率和客户体验受损。为了避免仓促应对，企业必须建立相应的反馈机制，从而保证供应链的自适应能力。

第47招——宽泛名称

领先者可以通过使用宽泛的名称或扩大产品的应用范围，向对手"盖帽"并获利。在特劳特的《定位》一书中，以纽约中央铁路公司和美国航空公司对比举例。在20世纪20年代，纽约中央铁路公司是铁路业的龙头老大，而且是蓝筹股中最吃香的。经过几次兼并后，这家企业元气大伤，成了明日黄花。相反，美国航空公司却蒸蒸日上。假如当年纽约中央铁路公司采取拦截行动，便在竞争刚开始时成立一家航空公司。然而由于纯粹的拦截行动往往很难在公司内部得到支持，纽约中央铁路公司认为自己开一家航空公司，就是自己抢自己公司的饭碗，管理层把新产品或新型服务看成竞争对手，而不是发展机遇。于是失去了机遇，也失去了原有的市场地位。

有时，改一下名字也能弥合两个时代之间的距离。比如可以起一个宽泛的名称，从而使公司转变思想。试想，如果当年纽约中央铁路公司改名为纽约中央运输公司，然后迅速着手发展航空事业，那么它庞大的既有客户就可以转变为新航空公司的乘客，它在运输领域的霸主地位就有可能长盛不衰。

《定位》一书中有这样一句话："人们基本上是从字面上理解名称的。"宽泛名称不仅可以让企业更容易拓展其发展方向，促使其尽快成为新领域的领先者，还能使其通过扩大领先产品的应用范围而获利。

宽泛名称便于企业开发多品牌产品。比如宝洁公司，它是目前全球最大的日用品公司之一，它从公司的名称到产品的名称都比较宽泛，这就使得它可以生产多种产品，拥有多种品牌，抢占市场份额。改变既定定位其实是非常难的事情，不如使用宽泛的公司名称，不断呈现新产品，这样就不用费力改变公司定位。也就是说，宽泛定位使得公司拥有不断推出新产品的最大可能，这样，公司更容易拦截对手，在拦截过程中的反应也更为敏捷。

如今，宝洁公司的产品已经涉及日用品的各个领域，从高端的

SK-Ⅱ到中端的 Olay（玉兰油）、Illume(伊奈美)、Always、Zest、Boss Skin、ANNA SUI（安娜苏）、LACOSTE、Escada（艾斯卡达）、Dunhill（登喜路）、Valentino、Lanvin（朗万）、Paul Smith（保罗史密斯），再到最普遍的飘柔、海飞丝、潘婷、舒肤佳、佳洁士，甚至是帮宝适纸尿裤，都是宝洁公司的品牌，可以说，宝洁公司以宽泛的名称，多品牌的战略，占有了行业内最大的市场份额。因此，它就拥有了该市场中最高的利润率。如今，宝洁公司也可以凭借宽泛名称和多品牌战略，安心享用领先带来的果实了。

第48招——市场份额

如何定位，才能有效占领市场份额呢？除了上一招提到的宽泛名称、多品牌战略，以及前面提到的心理占位、品牌定位等，还有一种战略，哈佛商学院教授迈克尔·波特将其称为"战略定位"；特劳特将其称为"强势品牌"；全球著名的投资家巴菲特将其称为"护城河"、"内在价值"和"经济特许权"；在《孙子兵法》里叫"上兵伐谋"；在《孟子》里叫"天时不如地利，地利不如人和"；在"四书五经"里叫"得人心者得天下"。所以，衡量企业的前景和价值，先看其是否拥有深入人心的强势品牌。但是要注意，名牌不等于品牌，品牌是顾客心中某品类的代表和首选。

要想抢占市场份额，先要抢占心智份额。这就是为什么这些年长期主义、利他主义、以人为本等商业理论大行其道，其实就是要利用各种手段去抢占心智份额，从而抢占市场份额。

比如中国最成功的营销案例：白加黑——治疗感冒，黑白分明。

1995年，"白加黑"上市仅180天，销售额就突破1.6亿元，在拥挤的感冒药市场上分割了15%的份额，登上了行业第二品牌的地位，在中国大陆营销传播史上，堪称奇迹。这一现象被称为"白加黑"震撼，给营销界带来了强烈的冲击。

"白加黑"就是一个抢占心智份额的了不起的创意。它看似简单，只是把感冒药分成白片和黑片，并把感冒药中的镇静剂"扑尔敏"放在黑片中，其他什么也没做；实则并不简单，它不仅在品牌的外观上与竞争品牌形成很大的差别，更重要的是它与购买者的生活形态相符合，达到了引发联想的强烈传播效果。"白加黑"干脆简练的广告口号"治疗感冒，黑白分明"，传播的核心信息是"白天服白片，不瞌睡；晚上服黑片，睡得香"，说它是利他主义也好，说它是以人为本也好，它就是充分贴合了购买者的需求，从而成为抢占市场份额的现象级的成功案例。

再举一例，舒肤佳香皂成功的关键在于，它找到了一个新颖而准确的"除菌"概念。舒肤佳用日复一日的广告占领了市场的心智份额，它十几年持续不断地"教育"国人把手真正洗干净，它的广告语深入人心："看得见的污渍洗掉了，看不见的细菌你洗掉了吗？"

在舒肤佳的营销传播中，以"除菌"为核心概念，诉求为"有效除菌呵护全家"，并在广告中通过踢球、挤车、扛煤气罐等场景告诉大家，生活中会感染很多细菌，而放大镜下的细菌会"吓你一跳"。然后，舒肤佳再通过"内含抗菌成分'迪保肤'"的理性诉求和实验来证明舒肤佳可以让你把手洗"干净"。另外，其还通过"中华医学会验证"增强了品牌信任度。

占领了心智份额之后，还愁占领不到市场份额吗？

第49招——危险效仿

在瞬息万变的商场上，还有一种公司甘居"第二"，他们认为通往成功之路的捷径就是推出仿效别人的产品，只要质量胜过别人就行了。事实上，光是质量比竞争对手好是不够的。而且效仿也是十分危险的，对领导者管用的方法不一定对跟随者管用。领导者往往能用拦截对手的竞争行动来维护其领导地位。而跟随者却不具备从拦截战略中获利的能力。特劳特的《定位》中这样说："跟随者如果照搬领导者的做法，那根本称不上是拦截，还不如说它是拾人牙慧呢。效仿别人的做法有时对跟随者也会管用，但是这只有在领导者没有及时建立定位的情况下才会发生。"

在利润的诱惑和驱动下，效仿始终存在，先动企业在生产技术、产品设计和开发等方面的领先，必然会让其的生产效率提高或生产成本下降，从而提高其市场竞争力；先进的管理理念和适时的经营战略必然会带来良好的市场局面，因此，先动企业往往会获得巨额的利润，从而产生强烈的示范效应，导致其他企业效仿。

当一个企业采用新技术、新方法，从而生产出新产品和提供新的服务，或者由于生产效率提高带来生产成本的下降时，往往会开辟新的市场空间，或者吸引更多的消费者群体，提高其产品的市场份额，而这会给同行业或可替代行业的生产者带来巨大的压力，使其在竞争中处于被动和不利的位置。那么一些同行业或者替代行业的生产者为使自己在激烈竞争中不被淘汰出局，就开始效仿先进企业。

无论是新经营战略的推出，还是新技术或新项目的问世，企业都需要数量可观的前期投入，并承担相应的风险。后动企业通过效仿成熟的技术和市场经营战略，不需要付出过多的研发费用和承担风险，就可以快速获得经济效益。正如美国经济学家查尔斯·P.金德尔伯格（Charles P.Kindleberger）所说的："模仿是廉价的，只要可能模仿，其花费通常要少于有关的发明和革新工作。"

但是，效仿别人也有许多危险，效仿别人的产品不能达到合理的销售目标，因为其重点放在"更好"而不是"速度"上面。效仿别人的公司在改进产品的过程中浪费了时间，加上广告宣传的投入少于领先者，新产品又取了普通的名字，以便于迅速获取市场份额。这些做法全都是传播过度的致命陷阱。

第50招——寻找空位

特劳特在《定位》一书中，提出了"如何在潜在客户的心智中寻找到一个空位呢？"的问题，而本顿与鲍尔斯广告公司的威廉·本顿（William Benton）这样说："我会在大公司的业务结构里寻找薄弱环节。"

这是一个高明的办法，也是一个极其困难的办法，因为一个完善的公司就像一个完整的系统，你要去里面寻找漏洞，那真是难上加难，但这也是唯一的办法，所以此时就需要等待时机，毕竟老虎也会有打盹的时候。

对于跟随者来说，特劳特提出的定位方法主要是："找出空位，然后填补上去。要想找到空位，就必须具有逆向思考的能力，即和别人的想法背道而驰，如果人人都朝东走，那就看你能不能找到一个空位往西走。"

举个最常见的例子，就是如何在山火中求生。在遭遇山火时，不可随意选择方向盲目乱逃，防止为浓烟烈火所困。首先要记住，不可与火赛跑，一旦顺风而逃，极易被山火追上并围堵住；不能往山顶方向逃生，随着烟气上升，山火向山顶方向蔓延会较快。最佳的逃生方法是用湿毛巾捂住口鼻，并沿着逆风方向，向下或横走，选择植被稀疏的路线逃生。这就是寻找空当的一种方法。

特劳特在《定位》一书中，提出了"尺寸上的空位"这一寻找空位的方法。

比如年轻人喜欢的甲壳虫汽车，事实上，甲壳虫汽车刚刚推出的时候，完全不符合当时的审美。当时美国著名的汽车之城底特律的汽车制造商一直热衷于加长和降低车身，使车型一年比一年流畅、美观。而这个半路杀出的"大众甲壳虫"，车身又短又宽，一推出就被认为是丑陋的车型。如何利用当时公认的"甲壳虫"的弱点进行推广促销呢？如果仅仅是强调其性能的可靠性，那么它的弱点还是弱点，不能利用其弱点占领汽车领域"尺寸上的空位"，后来大众汽车公司就利用甲壳虫的"尺寸问题"，做了最为有效的一则广告"往小里想（Think Small）"，标题就这么几个字，却同时完成了两件事，一是说明了大众甲壳虫汽车的定位，二是向潜在客户心智中越大必然就越好的假定提出了挑战。

这种方法的效果如何，要取决于潜在客户心智里是否存在这样一个空当，并不在于当年推出"甲壳虫"时市场上是否已经有其他微型汽车了。且谁也没有抢先建立起微型汽车的地位。

大众公司的做法就是在尺寸上占据空位的典型案例。同样，索尼公司在电视机上也采取了同样的做法，推出了"微型电视机"，其利用集成电路和其他电子设备从技术上使"小型化"在许多产品类别中大行其道。

2010年上海世博会，卢森堡馆展现了"亦小亦美"的主题和形象，设计方案别具匠心，突出了卢森堡"欧洲绿色心脏"的特色定位，较好地呼应了2010年上海世博会"城市，让生活更美好"的主题，以小而美，成就了自身，找到了最佳的突破口。

这种寻找"尺寸上的空位"的案例随处可见，比如砖头一样的大哥大演变成今天可以放入裤兜的手机，占满一大间房子的计算机进化成台式机乃至如今更轻更薄的笔记本，这正是厂家孜孜不倦地绞尽脑汁在尺寸上找空位。

多年来，国内的汽车制造商和消费者一直热衷于宽敞、大气的轿车，半路却杀出个奇瑞汽车来，推出QQ微型车，车身小到不能再小。"小QQ、大智慧"，广告语简洁至极，却同时完成了两件事，一是说明了奇瑞对QQ的定位，二是向潜在客户心智中越大必然就越好的假定提出了挑战。

第 6 章

备受青睐

第51招——高价定位

企业寻找空位的方法有很多，除了尺寸上的空位，还有价格上的空位，比如高价上的空位和低价上的空位。

比如小罐茶，走的是高价定位。它是2014年创立的，2016开始火爆起来，其火爆的主要原因是价格贵。可以说，小罐茶是茶叶里面的高端产品了，其打出去的广告语都是"八位大师敬你一杯茶"。它的目标市场定位是中青年高端商务人士，重在凸显时尚和高端的风格，所以在外形和包装上设计得小巧方便、时尚；在品质上请到八位业内权威的制茶大师为其背书。小罐茶为高端商务人士提供了一种现代的、简约的、高品质的茶，仅是研制小罐茶铝盒上的膜就花费了一年时间，据说为了测试膜好不好撕掉，小罐茶试了3万多张或不同材质，或不同薄厚，或不同位置，或不同尺寸的膜，为了极致的高价定位，小罐茶尽其所能极致优化。最终，其用40克茶叶500元的零售价，在上市一年半时，就完成了15亿元的销售额。

高价定位的另一典型案例就是特仑苏牛奶。当牛奶逐渐成为我们餐桌上常备的大众食品时，特仑苏的出现，打破了牛奶原有的"平民"

路线。喝过特仑苏牛奶的人都知道，它比普通牛奶更浓厚、更醇香。每100克特仑苏牛奶中的天然优质乳蛋白含量达到了3.3克，比国家标准要高出13.8%。

特仑苏以向来就产出优质奶源、位于北纬40°"乳都核心区"的特仑苏专属牧场为奶源地。在这里，它不仅有国内最大的单体牧场，还有从国外引进的万头顶级金牌奶牛。这些奶牛食用着精心挑选的来自全球多个国家的顶级牧草，享受着自然放养的健康、自由和被精心照料带来的舒适感和惬意感。甚至给奶牛挤奶的时候，还会有精心挑选的音乐陪伴，奶牛心情好，原奶质量必然好。再配以精良生产、严格检测，最终造就了"不是所有牛奶都叫特仑苏"的经典广告。

所以，高价定位一定要匹配与之相适应的高端产品，以高端产品占领高端市场，最终实现以高端定位抢占市场份额。

第52招——低价空位

特劳特指出："除了高价之外，相反的策略也能有利可图。"低价产品会因为价格低廉，刺激消费者的购买冲动。如果购买后发现这个产品不好用，消费者也不会太计较，因为价格低，消费者也不会感觉赔了很多钱。

在中国，有一个众所周知的以低价战略抢占市场的企业，那就是吉利轿车。吉利轿车以低价占领市场，还进军法兰克福车展和底特律车展，成为国内第一家在世界五大车展上展出的国内自主品牌。吉利轿车价格低，并不是因为吉利产品低端，而是因为它造出了完全自主知识产权的CVVT发动机。

在中国汽车企业盈利能力透明度尚不高的今天，吉利汽车控股有限公司先是完成了在香港资本市场的登陆，又拼尽全力做到了汽车企业研发能力中国第一。

在现今的中国汽车市场上，可以说，没有一家汽车公司可以与吉利汽车在自主研发能力方面形成抗衡。吉利可以说是从根本上走出了一个自主研发的道路。吉利的每一款车型都拥有完全彻底的自主知识产权，作为发动机领域的尖端技术，吉利所量产的JL4G18发动机是我国首台拥有知识产权的CVVT发动机。吉利的CVVT发动机创下了3个"国内首次"，即"首次采用世界最先进的CVVT发动机技术""首台国产全铝缸体发动机""国内首次采用塑料进气歧管"。在销售环节，技术突破对吉利而言所产生的效益也是立竿见影的。一辆合资品牌的轿车市场价大概是20万元，而使用了吉利自主品牌的CVVT发动机，售价大概在10万元，在技术参数上毫不逊色，甚至超越的情况下，试想想购买者会选择哪一款车？

吉利用3年艰苦的研发以及上亿元的投入换来成本优势，将低价策略进行到底。国内自主品牌企业都是以低价产品上位，而吉利是将低价做得最为彻底的企业之一，同时也是大张旗鼓地宣传其低价特色的企业。因此，吉利"造老百姓买得起的好车"的口号，早已深入人心。

吉利不仅仅是通过控制生产成本来使用价格杠杆的，更多的是通过灵活的价格策略来突出产品的性价比。

吉利有两大成本控制手段：一是节流，通过降低内部管理成本、财务费用或降低零部件供应价格来实现从源头上的成本控制；二是和研发相结合的关键零部件自主生产。关键零部件由对外采购改为自己生产，通过将周边的摩托车零部件工厂改制，用于生产汽车零部件，从而降低物流运输成本和采购成本。

吉利采用的是一次性价格到位的策略，用吉利创始人李书福的话来说，就是"我们从一开始价格就是最低的"。

第53招——技术陷阱

特劳特在《定位》一书中指出："如果人们心智里没有空位，实验室里研制出来的技术成果再好也会归于失败。"可见，如果不能够很好地利用技术空位，那就很可能落入技术陷阱。

比较著名的因技术陷阱而惨遭失败的案例，就是吉列剃须刀生产不锈钢刀片。吉列公司是闻名世界的"剃刀王国"，曾经因其辉煌的经营业绩被视为美国最成功的公司之一。但在其发展的过程中，也有过惨痛的失败。吉列公司的主要业务是制造及销售剃须刀片，在市场上占有绝对优势。1946年，它在总值为8600万美元的刀片市场零售中只拥有40%的份额，到了1962年，它在总值为1.75亿美元的刀片市场中已占有70%的份额。在整个剃须刀片市场中，单刃刀片和弹射式刀片占25%，双刃刀片占75%。在双刃刀片这一重要的市场中，吉列公司更是独占鳌头，拥有90%的占有率。

"超级蓝牌"刀片是吉列公司刀片系列中的主要产品，也是拳头产品，它获利最高，也最受消费者欢迎。这种刀片表面涂有硅酮，能防止胡须碎屑黏附在刀片上，影响使用功效。由于用超级蓝牌刀片剃须极为方便，它在市场业绩上的表现也非常优秀。在1962年，该刀片的利润约有1500万美元，超过公司全部净利润的1/3。

到了1961年，有190年历史的威尔金森刀具有限公司开始生产不锈钢剃须刀片，称为"超级刀刃"牌。这种刀片锋利，耐腐蚀更耐用，每把刀片可使用15次以上，而普通碳钢刀片平均只可用3次半。当然，不锈钢刀片的成本较高。结果，威尔金森公司生产的刀片每把售价为15美分，而吉列公司生产的超级蓝牌刀片售价为6.9美分，蓝牌刀片是5美分，薄型刀片是3.5美分。到1962年年底，它在英国刀片市场上占有率达到15%。威尔金森公司的刀片生产能力有限，也没有必不可少的规模经销渠道。

由此，各个公司开始了不锈钢刀片的市场争夺战。美国安全剃刀分公司推出了"拍手拿"牌不锈钢刀片。吉列公司一会儿怕过于耐用的刀片会降低刀片的购买数量，一会儿怕自家推出优质的不锈钢刀片，会和自家的其他刀片自相残杀。犹豫再三，最终也加入了这场争夺战，不仅推出了具有价格优势的不锈钢刀片，还动用了400万美元的促销和广告费用来宣传不锈钢刀片。由于是最后一个进入不锈钢刀片市场，接下来的几年吉列公司为之付出了代价，利润在1963年和1964年急剧下降。吉列所占有的市场份额从原来占有剃须刀市场的70%下降到55%，而双刃刀片的市场占有率从90%下降到70%，后来一直没有再达到原来的高水平。

第54招——用户细分

在特劳特的定位战略中，提出要避免"人人满意"的陷阱，换句话说，要注意用户细分，根据细分用户的满意度来打造产品，而并非要打造"人人满意"的产品，避免落入"人人满意"的陷阱。

比如性别上的细分用户。拿中国饮料业的某个产品举例，在品牌云集的中国饮料业，就有人看到了细分用户的重要性，找到可以抢占的空位，这个人是他她水公司的总裁周子琰。这个空位从对消费者进行二元切割而来。简而言之，"男他"饮料主要针对男性需求，可以补充体力，其在饮料中添加了肌醇、牛磺酸，能为男人及时补充能量，定名为"他+"；"女她"饮料针对女性减肥、美容美颜，在饮料中添加了芦荟和膳食纤维，称为"她-"。看上去几乎是搞怪的定位，居然做到了一周内产品订货量超过2亿元，并在3个月内创下了6亿元的订货量。这个产品针对用户细分的创意，快速抢占了市场的空位，占领了商机。

比如地域上的细分。麦当劳在进入中国之前只卖牛肉产品，是区别于肯德基的，然而在进入中国之后，为了适应中国人的饮食口味，麦当劳开发了鸡肉汉堡。这一根据地域进行用户细分从而进行的产品定位，让麦当劳很快占领了中国市场。

还有很多更为细分的生产小众产品的企业，比如英国某家专门生产鞋垫的企业，他们服务的对象就是需要两只脚不一样大小的鞋垫的顾客。事实上，随着年龄的增长或者因为身体状况，人的两只脚的需求是不同的，有的因为膝盖状况或者脚踝状况，两只脚的受力不同，所需要的鞋垫的大小、薄厚自然是不一样的。针对顾客需求做出不同的鞋垫，让这个公司在鞋垫市场中独占一角，并且长久立足。

第55招——众口难调

中国有句老话，叫作众口难调。特劳特在《定位》一书中，就提到了"人人满意"的陷阱。事实上，没有任何一个产品可以做到人人满意。每个人对产品的需求各不相同，就算是再大众化的产品，面对细微的需求差别，还是难以做到"人人满意"。

中国菜就是最简单的例子。在中国，没有一家菜馆可以做出所有的中国美味，从小吃到大餐，从经典菜系到地方风味，从大众食谱到民族特色，不可能让来自四面八方的顾客都吃到"家"的口味。在这种情况下，针对一些顾客，做好市场细分，占领属于自己的市场份额才是王道。

当下，在中小城市非常火的海伦司小酒馆，以低价占领市场，主要客户群是低端客户，以大学生为主。所以它从产品的价位到装修，从布局到品位，从产品的品种到产品的品质，都力求迎合学生的口味，以低消费来占领中小城市的酒吧市场。后来，海伦司在深圳开了一家高端酒吧，从装潢到品质都比较高，以至于那些常常出入海伦司小酒馆，坐惯了小酒馆的长条板凳和木头桌子的顾客，坐在这个高端酒吧奢华的沙发上，对着精致的餐具，背靠豪华的璀璨的玻璃背景墙，会感到手足无措，不敢放开来吃，不敢放开来喝。因此，开业不久，海伦司的这家高端酒吧就关门大吉了。总结失败原因后，海伦司摒弃了让顾客束手束脚的奢华沙发和玻璃背景墙，换掉了复杂的菜谱和精致的餐具，重新开张后，果然又迎来了众多的常客。

所以，任何企业，任何产品，都不要上来就妄图大而全，为满足所有顾客的需求，想占领本行业的所有层次的市场。只有在小而精的品类上精耕细作，才有可能做出属于自己的品牌，走出属于自己的道路。

我国企业多元化投资失败的例证也不少，巨人集团总裁史玉柱反省其四大失误之一就是盲目追求多元化投资。巨人集团涉足的电脑业、房地产业、保健品业等行业跨度太大,新进入的领域并非其优势所在,却急于铺摊子,使有限的资金被牢牢套死,从而引发了财务危机,使其仅仅因数百万元流动资金不足就一夜崩塌。太阳神集团也是如此,该集团在1989年至1993年间发展迅猛,年产值从4300万元瞬升至13亿元,照此势头发展下去,前景可观。但遗憾的是,在其需要投更多的资源进一步拓展市场时,它却抽出资金投入新产业,大搞多元化,到1993年年底,光是集团内部就组建了十几个项目公司,涉足的领域有石油、化妆品、汽车、边境贸易等,而这样的做法却削弱了原产业的发展势头,结果就是在新产业领域未做好,在原产业领域也丧失了竞争的优势。

所以,不管做什么行业,不管什么企业,都不要妄求"人人满意"。只有在属于自己的优势品类里,把自己做大做强,不断挖掘,才是正道。

第56招——竞争定位

特劳特在《定位》一书中提出:最基本的营销战略必须是"给竞争对手重新定位"。

"由于空位太少,公司必须通过给已经占据人们心智的竞争对手重新定位来创建空位。换言之,要想使一个新理念或新产品进入人们的心智,你必须先把人们心智里原有的相关理念或产品排挤掉……一旦旧理念被推翻,推广新理念往往就变得简单至极。事实上,人们往往会主动寻找一个新的理念去填补由此造成的空白。"

在排挤掉人们心智中原有的相关理念或产品的时候,必然会有竞争,甚至发生争执,这是正常的。竞争定位的关键在于重新树立属于自己的产品理念,从根本上动摇现有的观念、产品或人。

事实上,人们喜欢看到更为健康的产品,或者说,人们喜欢看到旧产品被"揭黑"。比如中国方便食品中的方便粉丝。中国方便面升级的速度,远远落后于消费者需求提高的速度。国内方便面料包、酱包、菜包的传统配料组合20年来没有变化。日本的方便面品种有1000多种,而中国只有200多种。在国际市场上,中国企业还缺乏话语权,中国方便面要走向世界,同样需要创新。营养、健康和功能将是方便面创新的长期主旋律。随着人民生活质量的提高,对方便面的需求也在变化,丰富的汤料、大块蔬菜和肉粒、油脂含量的降低和营养配比等,不断创新,将会使方便面获得更多消费者的青睐。

在这种形势下,非油炸方便面在面饼技术上的创新得到了更多的关注。2012年9月,中粮五谷道场创新口味产品海带排骨面上市,随即便在市场上形成热销之势。至此,五谷道场已完成其全新产品系列更新。五谷道场新品持续倡导"非油炸"方便面的健康理念,面饼采用热风烘干的非油炸工艺,脂肪含量仅为1%,不仅面饼脂肪含量低,五谷道场新品更在口味上进行了研发和创新，在中粮优质原材料供应的基础上提升了五谷道场产品的口味，以求让消费者品尝到超越传统的精致美食。正因为中粮五谷道场一直坚持采用非油炸工艺，秉承天然五谷膳食精华的补给之道，才在品类繁多的方便面市场上占据了稳固的地位。

除了五谷道场的"非油炸"方便面，还有白家的"方便粉丝"。2002年4月9日，中国著名的方便粉丝品牌"光友"在北京召开了新闻发布会，并宣布光友研制出无明矾粉丝，即日起所有产品将不含明矾添加剂。一时间，各大新闻媒体竞相报道，光友的无明矾威名因此也不胫而走。而这几乎暗示着，除了"光友"粉丝，市场上大部分粉丝都含有明矾添加剂。此消息一出，大家便只对"光友"粉丝产生了信赖，几个月下来，光友无明矾粉丝在各地势如破竹，销售额过千万元，势不可当。

第57招——差异化定位

定位本质上是要传达一种差异化的认知，让潜在顾客相信你比竞争对手更好，这个认知不一定就是产品本身的差异。

美国著名的营销大师特劳特在《与众不同》一书中总结了九大差异化品牌定位方法，这九大方法是"让顾客觉得你更好"的九种信任法，也是做广告的九种方法。

第一,成为第一。人们认为第一是个原创,其他都是仿冒者。原创意味着具备更多的知识和更高的专业化程度,这就是可口可乐"正宗货"获得消费者响应的原因。成为第一,你自然就会与众不同。如果你能坚持住,并击退效仿者,就会获得巨大成功。

第二,占据特性。拥有特性可能是为一个产品或一项服务实施差异化的第一方法。企业试图模仿领导品牌的情况时常发生,但正确的方法是找一个相反的特性,并以此同领导者展开竞争。给竞争对手加上"负面"特性,是建立特性的行之有效的方法。比如,宝马针对奔驰就是这么做的:顶级驾驶机器对抗顶级乘坐机器。

第三,领导地位。领导地位是一种为品牌确立信任的最直接方法,你的预期顾客可能会相信你说的关于品牌的所有言论。一些领导品牌不想谈论它们的领导地位,这对它们的竞争对手来说是再好不过的事情了。一个企业的强大凭借的并非产品和服务,而是它在顾客心智中所占据的位置。

第四,经典。经典让你的产品拥有脱颖而出的力量,因为拥有悠久的历史,看起来是天然形成的心理地位,让人们选择时拥有安全感:如果这家企业不是最大的,它也肯定是资历上的领导者。比如,百威啤酒时不时地谈论自己的经典,称自己是"始于1876年的美国经典窖藏啤酒",这听上去就很吸引人。经典的一个重要方面是传达出你来自何处,你应该学会利用地域经典的力量。

第五,市场专长。人们把专注于某种特定活动或某个特定产品的公司或企业视为行业专家，认为它们必定有更多的知识和经验，并且认为成功的专家品牌必须保持专一性，不能追求其他业务，否则会侵蚀在顾客心智中的专家认知。一旦开始迈向其他业务，专家地位就可能让位于人。比如大众汽车公司曾经是小型汽车专家，后来推出了大型车、开得更快的车以及休闲车。如今，日本车还是只主导了小型汽车市场。

第六，最受青睐。在大多数情况下，顾客好比是跟着羊群移动的羊，在消费决策上更倾向于从众行为，利用"最受青睐"作为差异化，就可以向顾客提供"别人认为的最好的产品"。比如耐克运动鞋，它主要凭借的就是大量著名运动员最爱穿它，从而成就了自己的地位。

第七，制造方法。很多人认为："人们关心的不是产品的制造过程，而是产品能给他们带来什么用处。"在很多品类中，有大量的产品能给人带来一模一样的好处，正因为如此，我们要关注产品本身并找出独特技术的制造方法。产品越是复杂，你就越需要用独特的制造方法把它同竞争对手的产品区别开来。并且，一旦找到了差异化，就要不遗余力地炫耀它。

第八，新一代。所谓新一代，是指推出新颖的产品，它带来的心理效应是显而易见的。企业应想方设法推出新一代产品，而不是试图推出更好的产品，前者才是差异化之道。强大的领导者要用新一代产品占领市场，让新产品"突破"老产品，因为这样才能让顾客相信这的确是新技术。新老产品之间的差别越大，新产品就越容易销售。微波炉和传统烤炉之间的竞争就是这种例子。如果某个企业之前推出过"新一代"产品，那么在推出后面的新一代产品时，就会拥有顾客巨大的信任做后盾。

第九，热销。一旦一个产品热销起来，就应该想尽办法让整个世界知道产品有多么火热。口碑在营销中是一股强大的力量，通常是指一个人把一个热点告诉另一个人。如果某个品牌很热，或者销售的增长幅度高于竞争对手，就能为它抵达一定高度提供所需的推动力。"热销"战略的妙处在于它为品牌建立一个长期的差异化概念做了预备，让消费者有了期待的预期。

第58招——攻击性定位

攻击性定位就是抓住竞争对手的弱点进行对比定位。比如曾经在美国风靡一时的"奶味糖豆"，就是利用攻击性定位确立了自己的市场地位，夺取了市场份额。"奶味糖豆"是比阿特丽斯食品公司的产品，是一种用黄底棕字的小盒包装的糖果，人们称其为"看电影时吃的"，但该公司却想把"奶味糖豆"的业务扩大到年龄更小、爱吃糖的顾客群体中去。

任何定位项目的第一步都是先了解预期客户的想法。调查结果表明，那些爱吃糖的小不点儿是真正的顾客，"奶味糖豆"的最佳预期客户是在糖果店里进进出出至少有好几百回的买糖老手，年龄为 10 岁左右，他们都是非常精明的糖果采购家，最注重物有所值。那么如何推出让这些孩子迅速接纳的"奶味糖豆"呢？在雀巢、士力架等品牌花了几百万美元广告费推出各种糖果之后，"奶味糖豆"这个品牌要如何花费最少的广告费获取最大的推广效果呢？

由于"奶味糖豆"没有足够的资金去做广告，所以使"奶味糖豆"深入孩子心目中的唯一办法是，设法给棒状糖果类别重新定位。

换句话说，就是将其品牌定位成胜过棒棒糖的产品，使竞争对手花掉的数百万广告费反过来为"奶味糖豆"做宣传。于是，"奶味糖豆"采取了攻击性定位，在棒状糖竞争中找到了一个可以利用的明显弱点。比如，一个孩子在2.3秒内就能吃掉一根售价30美分的"好食"糖，这让爱吃糖的美国孩子内心有一种普遍的不满情绪。棒棒糖果长度减一分，这种不满情绪就会增一分，孩子好不容易挣来的零花钱买不了几块这种糖。

而"奶味糖豆"不同，它是用盒子而不是用纸袋包装的，是能让孩子吃到15颗包着的巧克力，是不能一下子就吃完的焦糖。与棒棒糖相比，一盒"奶味糖豆"能吃很长时间。如果想把一盒糖豆全都塞进嘴里，就只能紧闭双唇，否则就会掉出来。这就是它在电影院里如此受欢迎的原因。也因此，"奶味糖豆"的新定位是比棒棒糖"吃得久得多"的糖果。

事实上，在推广给小朋友之前，"奶味糖豆"已经存在了15年，却始终没有提出"吃得久得多"的理念。然后该公司根据"吃得久得多"的理念做了电视广告宣传，结果迅速扭转了销量下降的趋势，而且在以后的几个月里，比阿特丽斯食品公司销售的"奶味糖豆"超过了过去 15 年任何时候的销量。

攻击性定位，就是找到竞争对手的弱点，然后将自己的优点和它的弱点相对比，从而占领市场份额。

第59招——信任支持

在特劳特的定位理论中，信任是品牌沟通非常重要的一环，是品牌在消费者心智中的担保物，在营销定位中，一定要让企业差异化体现得更为可信。比如东阿阿胶，它的广告语是："本草纲目记载滋补三大宝：人参、鹿茸与阿胶。"也就是说"我是跟人参、鹿茸一样的滋补三大宝之一"，这就是取得顾客信任的"投名状"。

还有一种最常见的以获取信任支持为广告噱头的产品，那就是牙膏。比如高露洁的一款儿童牙膏的包装上写有"高露洁和中华预防医学会共同致力于口腔疾病的预防，令人人享有口腔卫生保健"；一款"冰爽牙膏"的包装上，在"中华口腔医学会"的标识后写着"高露洁含氟牙膏能有效固齿健齿，及预防龋齿"；中华的一款牙膏包装上，在"中华口腔医学会"的标识后写着"中华口腔医学会验证中华牙膏具有防蛀功能"。对于出现在牙膏广告上的"证言"，普通顾客无法分辨这种推荐是单纯的商业广告，还是权威的鉴定。但至少这些"证言"能帮助产品获得顾客的信任支持。

事实上，中华口腔医学会、中华预防医学会等并非新出现在牙膏包装上的权威机构，在数年前就跟牙防组一同出现在口腔护理产品的广告上，并列入媒体质疑的名单中。中华口腔医学会和中华预防医学会都是在民政部注册的民间社团组织，并不是政府的监管部门。

第60招——战略匹配

特劳特在《什么是战略》一书中，提出了战略匹配的概念。

战略是一个简单、焦点明确的价值定位，换句话说，战略是卖产品而不是和对手竞争的理由。苹果电脑公司的前总裁约翰·斯卡利（John Sculley）说："我们在工业时代所学的所有知识都倾向于制造越来越多的复杂性，现在有越来越多的人开始明白要简单化而不是复杂，这是一条典型的东方智慧——最高明的智慧就是简单。"

既往的企业战略规划，包含谈及竞争情况的部分。现在日益凸显的竞争事实让人确信，将来的企业规划中将包含更多关于竞争对手的部分。仔细分析市场的每一个参与者，排出强弱，同时制订出行动计划去侵蚀弱者、抵御强者。最终目的就是确保战略匹配。甚至有一天，这种规划中将包含竞争企业每一位主要人员的档案，包括他们喜欢用的战略及作风。这样才能真正实现战略匹配。

这一切意味着什么？意味着企业将目光从顾客转向了竞争对手，做好一切准备，发动商战。战略自下而上发展，而不是自上而下规划。换句话说，战略源自实际可行的战术，战术导出企业战略，这样的战略才能切实有效地匹配企业的发展态势。

战略不是目标，它是企业一致性的经营方针。战略的一致性是指始终指向所选择的战术，整合企业所有的资源和运营活动，包括产品、价格、分销、广告等所有的一切，以促使战术的实现。如果把战术看成瞄准顾客心智的钉子，那么战略就是挥动势能的锤子。

战略作为一致性的经营方针，一经设定就不应改变。战略的目的就是配置企业资源去促成战术优势实现，最大限度地利用和张扬战术优势，而不受具体目标的局限性。当战术达成，战术优势转为战略优势，企业战略就是能实施成功。

自下而上的战略原则是简单的：选择企业适合的战略模型，也就是最为匹配的战略模型，确定主要的竞争对手，针对竞争对手寻找独特的战术，然后形成战略规划。企业的工作，是将特殊的战术推及为普遍的执行，将短期执行延展为长期的实施，从而使战略模型得以实现。

许多企业决策者认为，战略是一个很深奥、复杂的课题。特劳特提出：伟大的战略只有一个鲜明特征，那就是"简单"。简单的特征，不仅体现在战略过程抑或是结果上，也体现在战略的主体企业上。事实上，对于战略规划与实施而言，"简单"的企业文化和价值观至关重要。

第 7 章

制造方法

第61招——逆向思维

定位理论之父杰克·特劳特有句名言："与显而易见的真理反向走。"用近几年流行的话说就是："逆向思维——拆掉思维里的墙。"通常来说，人们习惯于沿着事物发展的正方向去思考问题并寻求解决办法。而逆向思维是对已成定论的事情或观点反过来思考的一种思维方式。敢于反其道而思之，让思维向对立面的方向发展，从问题的相反面来深入地进行探索，树立新思想，创立新形象。总结来说，当人们都朝着一个固定的思维方向思考问题时，独自朝相反的方向思索的思维方式就叫逆向思维。

一般来说，积木是孩子们最爱的玩具，不是成年人喜爱的玩具，因为成年人已经过了搭积木的年龄。然而乌克兰的一家玩具公司却逆向思维，他们不认为随着年龄的增长，人们就失去了童真和搭积木的兴趣。他们设计出了一系列成人积木，做成木质传动模型，这些模型看起来跟普通积木没什么区别，但针对成年人进行了创新，成年人可以按照自己喜欢的样子进行拼装。这样，不仅保留了拼装积木的乐趣，还融入了很多机械原理，而拼装好的积木可跑可动，完全用传动皮筋和齿轮带动，还可以利用机械运动原理模拟有轨电车的运动轨迹，甚至可以传送简单的物品。

再举一个我国本土的案例，在上海市南阳路附近，一个名叫"MannerCafé"的咖啡售卖店火了，其店面只有 2 平方米大小，却能月入 10 万元。这是全上海最小的咖啡馆，这家咖啡馆就是一家贩卖咖啡的窗口，不能体验，不能社交，不能休闲，只能外带。之前咖啡厅被界定为一个休闲场所，在星巴克品牌的引领下，咖啡厅以白领第三空间的形象出现在市场竞争格局中，体验、休闲、社交是咖啡厅的固有形象。因此，咖啡厅通常都是环境很好，空间很大，很有小资情调和风格。然而"MannerCafé"却逆向思维，反其道而行之，不仅店面空间小到无法让顾客堂食，其产品售价和包装也都是极其简约的风格。它只有一个小小的售卖窗口。其产品售价为小杯拿铁 15 元，大杯 20 元。店里提供的一次性杯子也是最简单的白色，自己贴贴纸，简单而纯粹。自带咖啡杯立减 5 元，买咖啡豆自带罐子则减 18 元。它主要针对人群为早晚接小孩上学的想喝咖啡的人，上下班和工作中匆忙得无暇停下却喜欢喝咖啡的人。

最后再举一个七喜的成功案例。1968 年，七喜汽水通过将柠檬汽水定位为"非可乐"而获得巨大成功。一个成功的定位往往借助了竞争对手的强大力量，"非可乐"就是借用了可乐在顾客心智中的强大力量而逆向思维得出的一种定位。当顾客不想喝可乐时，以"非可乐"为定位的七喜就成了首选。

第62招——资金匹配

特劳特在《22条商规》中这样写道："就算是世界上最好的想法，如果没有启动资金，它也不会成为现实。你需要资金使自己的想法进入潜在顾客的心中，一旦进入，你也需要资金使自己的想法继续留在顾客的心中。"也就是说，无论什么项目，从启动到实施，从进入市场到市场推广，都需要相应的资金与之匹配，才能够开展起来。

举一个家喻户晓的企业失败的案例。在1994年年底到1995年年初的这段时间，巨人集团在中央电视台投放的保健品脑黄金的广告可以说是铺天盖地，然而谁也没想到，几个月后，巨人集团就发生了偿债危机，企业也停止经营，迅速倒闭了。事实上，当时史玉柱过分乐观，定位不够准确，认为在保健品业脑黄金的市场前途广阔，至少有几十亿元的市场空间，于是投入保健品业，然后直接在中央电视台进行地毯式的广告轰炸。在保健品广告投放的头几个月时，的确是有少量的钱收回，但是由于建立巨人大厦时，他涉足了太多行业，包括服装业、保健品业、房地产业、教育行业，在某一行业还没做成熟，还没有进入还债期，就把赚来的钱投入了新的领域。这是最大的错误！于是当某一行业发生问题时,就出现了资金不足、不能及时采取措施和对策等情况,最终因为资金链断裂,进而导致整体崩盘。

由此可见,资金匹配是企业成长的标配,无论多好的产品,无论多好的广告,如果没有相应的资金匹配,最终难免遭遇"滑铁卢"。

第63招——长期主义

特劳特在定位理论中提出:"定位宣传的效果是需要积累的,要长期地坚持。"所谓"长期主义",就是一种能持续地、长期地守住目标的行为模式。商业长期主义,是指做一件事,长期地去做,持续地去做。

事实上,商场瞬息万变,很多人都看到了不确定性,看到了动荡、复杂、模糊、易变,因此心中不安、骚动、浮躁,缺乏安稳、平静、安全。中国古籍《大学》中有这样一句传世名言:"知止而后有定,定而后能静,静而后能安,安而后能虑,虑而后能得。"其实,静下心来仔细看就能发现变化的只是外部环境,只是达成商业目标的手段和形式。商业世界的本质与使命,确定使命的基本准则以及战略思维的核心理念与架构,这些都是长期的、相对稳定的。面对不确定性、面对风浪,心中无根,自然随波逐流,漂泊不定,不知在何处倾覆。而长期主义是指能持续地不被诱惑,心中始终有定,能够稳扎稳打地长期行动。

据说，有一次爱彼迎的 CEO 布莱恩·切斯基（Brian Chesky）和亚马逊的 CEO 杰夫·贝佐斯（Jeff Bezos）坐下来聊天，两个人谈到了共同的偶像沃伦·巴菲特（Warren E. Buffett）。于是，切斯基问贝佐斯："你觉得巴菲特给过你的最好的建议是什么？"贝佐斯说："有一次我问巴菲特：'你的投资理念非常简单，为什么大家不直接复制你的做法呢？'巴菲特说：'因为没有人愿意慢慢地变富。'"的确，当我们在给自己的目标设立期限时，有谁不是希望每天都能看到一个当天收益的具体数值，又有谁不是希望在自己三四十岁时就已赚到了足够多的钱？但其实，即使是股神巴菲特，99.8% 的资产也是在他 50 岁后赚到的。

同样，即便我们都知道，亚马逊是一家大公司，它的股票从上市时到现在已经涨了 1000 倍，当然，它的价格并不是线性上涨的，而是在跌跌撞撞、起起落落后才上涨到今天的价格，其间也曾有跌幅超过 99% 的时候。从它上市到如今，股价急速上涨也就是最近十年的事。

试问，如果你在 1997 年买进了它的股票，你会一直握住它从此不卖吗？相信 99.99% 的答案都是"做不到"。所以，99.99% 的人，即使知道了"巴菲特"的致富秘密，也不可能成为"巴菲特"。这就是"长期主义"的价值和艰难所在。

自亚马逊成立以来，外界对它的质疑声就从未间断。贝佐斯交出的短期成绩常常不尽如人意：尽管销售持续增长，但季报却屡屡亏损。有段时间，基金经理们甚至公开嘲笑亚马逊，说这家公司肯定破产。有几年,华尔街严重怀疑亚马逊是否真的能够生存。换作一般人,如此巨大的压力肯定扛不住,但亚马逊的 CEO 贝佐斯却扛住了。贝佐斯用坚定的行动给出一个明确的答案:着眼于长远目标,做一个长期主义的领导者。正如他所说:"立志做一家有长远发展的公司,亚马逊公司所做的一切决策也将立足于长远的发展而非暂时的利益,我们会尽自己最大的努力来建立一家伟大的公司,一家我们的子孙们都能够见证的伟大的公司。"

成功很难一蹴而就,伟大的成功尤其如此,长期主义是一个放大器,所谓伟大,在长期主义的"复利效应"下,也会积累成奇迹。

第64招——创新精神

2011年9月5日下午,营销战略家杰克·特劳特先生在北京接受记者专访时,针对"中国企业该如何做定位""如何执行定位战略"给出了自己的见解。他认为,中国企业定位的前提在于创新,只有通过创新才能找出自己的精准定位,从而实现从中国制造到中国创造的飞跃。

中国有些产业发展得比较晚,比如说汽车,或者工程机械行业,很多企业就是以相对低廉的价格进入这个行业。针对这个问题,特劳特指出:"从长期来讲,低价绝不是一个正确的战略,因为总是会有人价格比你还低，比如柬埔寨以及其他东南亚国家，他们就能提供更低价格的产品。当非洲国家也进入这个市场，他们的价格有可能更低。对于企业而言，不是你想做什么，而是竞争让你不得不做什么，如果竞争使得你只有靠低价格取胜的话，就不是一个好兆头。中国最大的优势在于其巨大的国内市场，这是日本、韩国所没有的，但是中国企业要进军国际市场是比较难的，因为竞争对手都是一些比较大的品牌，他们做了很多年，经验丰富，而且非常善于创新，中国的挑战就是怎样从模仿转到创新。这个很难。印度是有其优势的，因为印度在科技方面比中国走得更早。中国的企业现在要做一个专家型的生产者，专注于某一种产品，不断创新。"

以海尔为例，海尔经过18年的艰苦奋斗和卓越创新，从一个濒临倒闭的集体小厂发展成在国内外都享有较高美誉的跨国企业。2002年海尔实现全球营业额711亿元，是1984年的2万多倍；2002年，海尔跃居中国电子信息百强之首。18年前，工厂职工不足800人；而到了2002年，海尔职工就有3万人，还拉动了就业人数30多万人。从1984年只有一个型号的冰箱产品，到目前已拥有包括白色家电、黑色家电、米色家电、家居集成在内的86大门类13000多个规格品种的产品群。在全球，很多家庭都是海尔产品的用户。

海尔从多方面、多角度进行创新，在客户管理上的创新是"与用户零距离"，在库存管理上的创新是"零库存"，在资本上的创新是"零运营资本"，在管理上的创新是"日清管理"，在企业文化上的创新是"海尔文化激活休克鱼"……通过不断创新，海尔从传统的家电产品制造企业转型为面向全社会孵化创客的平台,将创新精神发挥到了无以复加的地步。

第65招——聚焦主业

特劳特的定位理论中有一条是聚焦定律,也就是说企业要聚焦。在竞争激烈的环境中,企业如果收缩经营范围聚焦于自己的核心业务,将使自己强大,如果追逐所有的目标,将一事无成。在商海中,企业应聚焦自己的产品,聚焦自己的目标人群,聚焦到自己能聚焦的一切,才有可能长久立足。

一家公司,首先要做好一个产品,当这个产品能够成为第一以后,再说做第二个,第一个还尚未做好之前,最好不要做跟第一个同一品牌的产品。比如可口可乐,就是典型的聚焦产品的案例。从可口可乐诞生到现在,一直保持了神秘的经典配方,然而在1985年,可口可乐曾经做出了修改品牌、重新推出其标志性饮料的决定,可没想到,当99年历史的"神秘配方"被一种味道更甜的新配方取代后,可口可乐在78天内便收到了40万封抗议信件和电话。这次错误的决定给可口可乐留下的阴影长久地挥之不去。可口可乐完全低估了公众与品牌之间情感上的联系,可口可乐后来终于意识到,挑选可乐并不仅仅是口味上的喜好，而是美国通俗文化的一部分，甚至有顾客说："让可乐变味就像是上帝把草地变成了紫色。"还有的顾客说："你们带走了我的童年。"有一个名为"美国原始可乐饮用者"的团体向可口可乐提起诉讼，并将一箱箱的"新可乐"倒入下水道，消费者还开始囤积原始口味的可乐，因为原来配方的可口可乐已经不容易买到了。与此同时，一个黑市也逐渐形成。甚至有人问可口可乐的工作人员："你们公司是怎么想的？你们怎么能让花了99年建立起的品牌毁于一旦呢？"最终可口可乐宣布恢复最初的配方，并重新命名为"经典可乐"。这让消费者欣喜若狂，同时也使公司转危为安。"经典可乐"的销售量猛增，远远超过了以前的水平，顾客忠诚度得到了加强。今天，市值673.9亿美元的可口可乐仍是全球价值最高的品牌，比名列第二的微软高出60亿美元。

企业的发展壮大，离不开企业自身立足主业锲而不舍的奋斗。对企业来说，专心做好主业，拿出高质量的拳头产品，才会赢得社会信任，从而培育出品牌美誉度，并且在竞争中立于不败之地。纵观我国改革开放取得的经验，一些已经得到发展壮大的民营企业，都是在自己的主业上狠下功夫，通过持之以恒的努力将企业做大做强的。然而，近年来一些实体企业面临经营压力，为了赚快钱，无视自己现有的资源和优势，一窝蜂地涌向某些暴利行业。这种盈利一定是短期的，投资风险注定很高。而如果企业能够围绕自身核心主业，根据市场需求延伸自己的产业链，有计划、有步骤地通过创新来开发新产品，发展之路将越走越顺畅。反观那种把主业当成副业、把跨界副业当作企业主攻方向的做法，很可能会"捡了芝麻，丢了西瓜"。

第66招——重新定位

时代在变化，企业在变化，定位也不是一成不变的，有时也需要重新定位。特劳特在《重新定位》中写了30条关于"重新定位"的经典语录。他提出"重新定位"概念的初衷是为了应对竞争，如今竞争越来越激烈，"重新定位"是每个企业都必须提上议事日程的事情。

特劳特提出，"定位就是在潜在顾客的心智中实现差异化"。那么重新定位是什么呢？其实就是"调整人们的认知"。这里要特别注意而不是改变人们的认知，这一点至关重要。特劳特针对调整认知提出："重新定位是你如何调整认知，这些认知可以是关于你的，也可以是关于竞争对手的，重要的不是你想要做什么，而是竞争对手允许你做什么。"可见，重新定位的重点是竞争对手给了你多少重新定位的空间。

事实上，顾客在购买东西的时候，也遵从了"羊群效应"，经济中个体的从众跟风心理始终存在。如果重新定位之后，能够引起新的"羊群效应"，那么企业就能够在竞争激烈的商海中独占鳌头。但如果企业始终处于强大对手的阴影之下，重新定位也无法建立自己的差异化优势，无法引起"羊群效应"，那么企业在竞争中还是缺乏竞争力的。俗话说：商场如战场。这句话指的就是在商场上没有任何怜悯可言，企业必须学会不断地调整自己，重新定位，以便于应对竞争。

特劳特指出："重新定位竞争对手往往是在领导者的强势中找弱点，并进行攻击。"要注意的是，在强势中找弱点，而不仅仅是去找弱点。只有在竞争对手的强势中找到弱点，给它贴上负面标签，才有可能夺取消费者的认同，从而重新占领市场份额。

重新定位有很多方法，比如改变原有的不适合市场、不被顾客喜欢的名字，比如开发新品牌，再比如研发更好的产品等，总之重新定位一定要有所突破，不仅是在竞争对手的强势中找弱点，还要提供能够有效抢占市场份额的好的产品。

特劳特指出："重新定位的成功来自外向思维，这才是市场所在。"事实上，很多大企业很难重新定位，正所谓船大难掉头，因为规模或体量的庞大，所以即便是有效的新策略也很难产生迅速而积极的促进作用，且很容易陷入为增长而增长的陷阱。为了赶超他人而发展，这本身就是个错误。

当然，企业都希望尽快得到成长，然而这种急于增长的欲望却也是使许多企业走上歧途的核心原因。正如我们所说，钱只是附加产品，增长也只是正确行事的副产品，增长本身不是一个有价值的目标。当增长是不可能完成的目标时，它就是破坏企业成长的罪魁祸首。

重新定位不是扩张定位，不要赋予品牌太多的"变种"，因为正如特劳特所说的那样：变种越多，心智越容易失去焦点。

如果竞争对手以某一特性著称，那么不妨利用这个特性，寻找到竞争对手强势中的弱点。但一定"不要围绕对手的错误来建立营销方案"，因为这样就等于在提示对手，而对手也会很快地针对自己的错误制订应对方案。

第67招——关联定位

如何让顾客记住一个新品牌？这个时候，不妨使用一下关联定位法，具体来说有高频场景关联定位、文化符号关联定位、强势对手关联定位等。

高频场景关联定位，就是将新品牌或新产品与消费者生活中某一高频的生活场景关联起来，从而在消费者的心智中占据一席之地。比如某奶粉广告，就出现了妈妈喂宝宝奶粉的镜头，这就是针对消费者的生活场景设计的广告。再比如某牛奶品牌广告，就展现了小朋友喝牛奶的场景，这也是最常见的高频场景。

除了高频场景关联定位，文化符号关联定位也非常常见。文化符号是深深扎根在用户心智中的一种象征性符号，它经历了漫长的时间，往往是经过几百甚至上千年的沉淀，并使得人们对其能达成共识，从而为整个社会广泛所知，最终以文字、图形和知识等形式表现出来。有这么一句话，"文化符号具有强大的文化原力"，简单来说就是文化符号为人所认识，与它在一起就可以获得大量的曝光和流量。比如过年的时候，很多产品都会使用红色背景的产品包装，因为红色就是过年的文化符号之一；再比如很多过年的广告里都有身穿唐装的一家人，唐装也是中国传统的文化符号之一；还有中国的长城，也经常出现在有关中国文化的产品广告中。

至于强势对手关联定位，那就是将新品牌与消费者心智中强大的竞争对手品牌关联起来，借助对手的定位来找到自己的定位。一个新的品类的诞生往往就需要借助强势对手关联定位的方法，来让人们关注到自己。

第68招——对立定位

特劳特的定位理论中有一个定律，叫作"对立定律"，其可以称为反败为胜的绝妙法则。任何庞然大物都有它的弱点，找对了就能够将其一击而中，从而让自己获得市场的认可，也就是说，强势之中隐藏着弱势，对于任何强大的领先公司，居于第二位的公司都有机会将其攻破，变其优势为劣势。

以可口可乐与百事可乐之争为例。百事可乐当年为了抢夺市场，找到了听装可口可乐的一个弱点，那就是300ml这个容量规格的可口可乐对中老年人比较合适，一听正好够喝，但对年轻人而言，却差了一点，不太够喝。那么百事可乐就根据这一看起来非常不起眼的弱点做了文章。百事可乐将其品牌重点定位为"年青一代的选择"，将百事可乐的听装规格改成 335ml，然后广告语就是"喝百事可乐，同样的价格多喝一点"。显然，这是站在了可口可乐的对立面，"同样的价格多喝一点"指的是与谁的价格相同呢？又是比谁的容量多一点呢？答案很明显，这个"谁"就是可口可乐。然后，百事可乐又在全美范围内更换了自动售卖机。当时百事可乐的份额比较小，自动售卖机的更换也相对比较容易，所以年轻人只要以相同的价格，就可以从百事可乐的售卖机里买到味道没太大差别，但容量多出 35ml 的百事可乐。就凭这一点，百事可乐迅速在市场上站住了脚。可口可乐很快就发现了这个强大的对手，它也想改变规格，然而问题是，可口可乐的自动售卖机太多了，全部更换不仅成本太高，而且很难在短时间内全部更换。于是，百事可乐就有了非常好的切入时机，成功地抢夺了年轻人的碳酸饮料市场份额。

再举一个案例。在美国排名第二的租车公司——安飞士公司（AVIS），为了抢占市场份额，打出了这样的一则广告："安飞士在租车行业排第二，那为什么还来找我们？因为我们更努力……下次与我们同行。我们的柜台前排队的比较少。"

正因为是第二名，所以排队的人会少一些，顾客租车花费的时间会少一些，这就击中了第一名的弱点，那就是强势中的弱点：人多，排队时间比较长。所以消费者来安飞士租车更快，更容易。对于当时排名第一的赫兹租车公司而言，这则广告堪称击中要害。就这样，安飞士租车公司凭借这一广告，抢夺了不少的市场份额，有了和排名第一的赫兹租车公司持久抗衡的资本。

第69招——性格定位

特劳特定位理论重视心理占位,那么在制造产品、营销产品的过程中,如何迅速实现目标群体的心理占位呢?展现性格,让品牌有的放矢地传递目标顾客最渴望拥有的性格,从而确定产品的性格定位。如果性格定位准确无误,就能够赢得顾客的喜好。

举一个众所周知的例子:耐克品牌。耐克一年卖出一亿双运动鞋,也就是说,耐克平均一分钟就能卖出 200 双鞋。耐克运动鞋在功能与材质上和其他品牌有非常显著的落差?不,耐克每年超过 1.5 亿美元的广告费,与其说是用来包装产品,不如说是用来制造其他更有吸引力、更深层意义的结合,或者是为消费者制造梦幻性格的投资。这就是全球最著名的运动品牌——耐克。耐克公司从 1972 年正式创建至今,已有了五十多年的历史。在这几十年的发展历程中,耐克公司被誉为是"世界上最成功的消费品公司"。在美国,有高达七成的青少年的梦想是拥有一双耐克鞋。全球各地的众多消费者都因穿戴耐克而感到无比荣耀。华尔街投资商和分析家中的许多人在 20 世纪 80 年代以前一直不看好耐克公司,认为耐克没有多少发展的基础和前景。如今却说:"上帝喜欢创造神话,所以他选择了我们意想不到的耐克。"

准确地说,是耐克品牌的营销策略赋予了耐克品牌精神和运动精神,这种全方位的诠释成了耐克产品的灵魂。耐克广告是耐克神话的缔造者,让其有了自己的性格定位,从而拥有了众多的追随者。

"NIKE"来自希腊胜利女神"耐克",意为无往不胜。耐克作为运动品牌,其主要的购买对象是年轻人。这一对象往往拥有强烈的个性和自我意识,大多是革新消费者,他们更愿意尝试新产品并更倾向于凭自己的内在价值标准评价产品,而不依赖他人的指导。针对这样的消费心理,耐克公司推出了一系列强调自我个性意识的广告:早期的耐克,张扬个人精神,倡导自立自决的独立意识,于是"JUST DO IT"的广告语应运而生,并沿用至今。这样的口号是20世纪最能准确表达年轻人内心躁动的一句话语,俘虏了很多刚刚走出校门或仍在宿舍里幻想有一天能干点大事的年轻人。电视广告也选取了一些平常却带给人意外的感觉的场景:原本蹲下系鞋带的少年在听到爆米花炮响后飞速起跑;原本迟到的少年在老师用教鞭对他指指点点的时候,突然扬起手中的纸棒玩起了击剑;老师在黑板上写字的时候,教室前排的少年将掉下的地球仪当篮球放在指尖旋转;一群打篮球的少年将爬上电线杆的油漆工的油漆桶当作篮筐灌篮……一系列的场景都是为了说明:耐克给你的将是随时可行的运动。这种标新立异的创意极好地迎合了年轻人我行我素的性格。

耐克掌握了十几岁少年厌恶说教、独立意识增强的心理特点,充分发挥创意来迎合他们的想象力与自我意识增强的需求,从"热爱运动的我"联想到"穿着耐克鞋的我",塑造了品牌本身的性格定位,让耐克品牌形象在潜移默化中深植在顾客的心里。

2005年,耐克又提出了新主张:"不做下一个谁,做第一个自己。"

这样的主张再一次渲染了性格定位,也延续了之前的品牌个性。

通过对产品的契合消费者的性格定位,耐克成功地赢得了消费者的心理占位。

第70招——坦诚定位

特劳特在定位理论中指出:"使自己的产品深入人心最有效的方法是首先承认自己的不足,之后再将其转变为优势。"

1985年,张瑞敏刚到海尔,那时海尔还是青岛电冰箱总厂。一天,一位朋友要买一台冰箱,挑了很多台都有毛病,最后勉强拉走了一台。朋友走后,张瑞敏派人把库房里的400多台冰箱全部检查了一遍,发现共有76台存在各种各样的问题。张瑞敏把职工们叫到车间,问大家怎么办?多数人认为,这些只是小毛病,不影响冰箱的正常使用,便宜点儿处理给职工算了。当时一台冰箱的价格是800多元,相当于一名职工两年的收入。没想到张瑞敏说:"我要是允许把这76台冰箱卖了,就等于允许你们明天再生产760台这样的冰箱。"他宣布,这些冰箱要全部砸掉,谁干的谁来砸,并抡起大锤亲手砸了第一锤!张瑞敏此举想告诉大家的是:有缺陷的产品就是废品。

张瑞敏砸冰箱的事情由此在社会上传播开来,海尔的声誉非但没有受损，反而逐渐成为质量优先的代名词。砸冰箱一事，让张瑞敏坦诚面对产品缺陷，给员工们树立了品质意识，也给海尔树立了良好的社会形象。

可见，坦诚定位，自曝的是缺点，赢得的是信任。老实人不会吃亏，因为市场是诚信的试金石，再好的包装都不如坦诚相待。在商场上，坦诚定位是最可靠最基础的策略，不管什么产品，坦诚定位，总不会运气太坏。

海尔的坦诚定位充分说明了中国民族企业对于质量、信誉、诚信的把关。他们深知守住自己的操守，就是守住企业的品牌、企业的信誉，守住企业的未来。质量是企业的生命，诚信经营就是企业生存的基础，只有"真诚到永远"的坦诚定位，才能确立良好的企业文化和社会地位。

第 8 章

创新一代

第71招——传统与流行

在企业定位中，究竟是沿袭传统，还是追随流行？这几年，中国传统文化成为流行，"俗之极即为大雅""大俗即大雅"，真正有生命力的"中国风"设计，一定是根植于中华优秀传统文化的设计。

当然，真正要让传统流行，就要进行有意识的创新。举个例子，前几年小朋友一刷再刷的国产动画片《哪吒闹海之魔童降世》，题材就来自中国传统的神话故事《哪吒闹海》，但是哪吒的形象和故事情节都在原有的基础上进行了创新，台词也结合了当代的时尚语言，深受孩子和年轻人喜爱。所以传统不是不可以沿袭，流行也不是不可以追随，要看如何沿袭，如何追随。

在2021年的央视春晚上，时装走秀节目《山水霓裳》在宛若幻境的景致中展现了中国服饰之美，引发关注的同时，也让"中国风"再次成为热议话题。不单单是服饰设计，近年来，在动漫、游戏、建筑、广告、工艺美术等各个设计领域，都不约而同地涌现出对中华传统文化元素的挖掘和对中华美学精神的演绎。民族传统与现代时尚碰撞，形成强劲的"中国风"设计潮流，让中华优秀传统文化以一种既古老又年轻的形象呈现在大众面前。

鲜明的文化自信、主动的设计意识和开放的市场视野，成就了"中国风"设计新潮流。

早在17世纪到18世纪，伴随东西方之间的贸易往来和文化交流，带有独特东方韵味的刺绣、陶瓷等中国工艺品深受西方世界欢迎，其纹样、色彩、工艺技法等对西方的绘画、建筑、工艺美术设计、服装服饰设计产生深远影响，以至于在后来流行的巴洛克艺术、洛可可艺术中都能看到中国艺术风格的影子。

这就是传统的魅力所在。事实上，中华传统文化元素是经过了中国历史漫长的沉淀而形成的文化精华，比如汉字、水墨、书法、青花瓷、京剧脸谱等，都是中国传统文化元素。就连中国2008年北京奥运会吉祥物和2022年北京冬奥会的吉祥物，都有传统的中国文化元素，也因此让世界记住了这两次奥运会，记住了中国，记住了北京。

在各种产品的推陈出新方面，传统与流行的结合一样重要，比如可口可乐，再怎样出新，也还是可口可乐，永恒不变的可口可乐，然而零度可口可乐却因为零热量的创新而大行其道；再比如这几年很受关注的故宫文化，故宫文化是中国传统文化，然而当下它却成了最潮的流行，这不仅和故宫本身的宣传有关，还和中国人对传统文化的熟知和自豪心理有着密切的关系。

在文化主题的营销定位中，真正有生命力的流行时尚，一定是深深扎根于中华优秀传统文化的设计和产品。传统中国的哲学与文化中有许多与现代生活和现代设计相契合的地方，现代艺术设计与我们的生活紧密相连，只有结合"衣食住用行"的社会生活，才能拉近设计与受众的关系。走近大众，结合并且融入当代生活，在新的时尚中恰当运用传统元素，才能真正做好传统与流行的融合，实现产品的创新和传播。

第72招——产品组合宽度和深度

产品组合宽度又称产品组合广度，是指一个企业的产品组合中所包含的产品线的数目。所包含的产品线越多，其产品组合的广度就越宽；反之，其产品组合的广度就越窄。如副食店所经营的产品线就很多，冷饮仅作为其中一条产品线，每一种冷饮就是一个产品项目；而专业的冷饮店所经营的产品线就比较窄，每一种类型的冷饮就是一个产品线。

企业扩展产品组合的宽度、开发和经营市场潜力大的新产品大类，扩大生产经营范围以至实行跨行业的多样化经营，有利于发挥企业的资源潜力，开拓新的市场，减少经营的风险性，增强竞争能力。

企业缩小产品组合的宽度，剔除获利小、发展前景暗淡的产品大类，缩小生产经营范围，可以集中资源经营收益高、发展前景好的产品大类，促进生产经营的专业化程度的提高，从而向市场的纵深发展，提高市场竞争能力。

产品组合的深度是指产品大类中每种产品有多少花色、品种和规格。

产品线是制造企业的生命线。企业产品组合的宽度和深度不同，就构成不同的产品组合。企业在决定产品组合宽度和深度时，会受到企业资源、市场需求及市场竞争的制约。企业产品组合的宽度和深度主要取决于企业目标市场的需要。

产品组合的宽度和深度在市场营销战略上具有重要的意义。

首先，企业增加产品组合的宽度，即增加产品大类，扩大经营范围，甚至跨行业经营，实行多角化经营，可以充分发挥企业的特长，使企业尤其是大企业的资源、技术得到充分利用，从而能提高经营效益。此外，实行多角化经营还可以减少风险。

其次，企业增加产品组合的深度，即增加产品项目，增加产品的花色、式样、规格等，可以迎合广大消费者的不同需求和爱好，以吸引更多的顾客。

最后，企业增加产品组合的关联性，使各个产品大类在最终使用、生产条件、分销渠道等各方面密切关联，从而提高企业在某一地区、行业的声誉。

第73招——市场反馈

企业要根据市场需求和反馈调整产品定位，调整产品既定设计策略和营销策略。市场把交换活动中产生的经济信息传递、反映给当事人，这就是市场的反馈功能。市场反馈是指市场信息反馈流程前后衔接形成的一个完整的闭环管理体系，也就是生产经营在市场产生的信息，再返回生产经营中去，以指导生产经营更好地为消费市场服务。

在激烈的市场竞争中，只有充分地搜集、整理、归纳、分析、总结市场反馈的信息资源，才能为企业产品研发和营销决策提供可靠和有力的依据，企业才能确定决策的目标和发展的方向。

建立和完善市场信息反馈机制不是一项简单的工作，它关系到企业的生死存亡。当下，信息技术使得企业拥有了很多可以利用的技术力量和营销网络，这为企业迅速掌握市场反馈，进一步完善企业的生产和营销提供了有效的保障。

贝宝公司是一个提供网上支付工具的公司，他们提供的第一个产品是掌上电脑转账工具，1999年，贝宝公司在提出这一产品时，市面上的掌上电脑还非常少见，所以这个产品被评为当时最糟糕的十大商业构想之一。根据用户的反馈，贝宝公司及时地将掌上电脑转账工具修改为电子邮件货币产品，毕竟当时台式机已经有了一些应用，通过台式机发电子邮件的方式转账，也不是不可能被用户接受。1999年秋，贝宝的电子邮件支付产品终于得到了良好的反馈，每个用户都可以登录贝宝的网页转账，非常简便。这个时候，贝宝明白了他们之前通过市场反馈所做的对产品的修改方向是正确的。后来，贝宝不断通过市场反馈改进产品，他们认为越先进的产品越要重视市场反馈，而且也越容易被市场接受。

任何企业都不能按照自己的想法去臆断产品的定位，市场有它自己的接受度，并非越先进的产品越容易被客户接受，也并非越简洁的产品越容易被客户接受，产品的推出一定要遵从市场的要求，而市场反馈就是体现市场要求的最佳途径，也是企业走向成功最便捷最有效的途径。

第74招——销售数据

在"大数据"时代，数据是企业行走在商业社会的利器。通过数据，企业可以洞察市场规律，摸清市场走向，跟着市场的大风大潮前行。企业还可以用数据量化人们的行为，也可以用数据量化工作的关键指标。在销售过程中,企业更是要经常分析和使用销售数据。

那么,如何用销售思维分析销售数据?比如,很多公司经常以每个月、每个季度或者每年为时间节点来分析销售数据,希望能够为下一步的销售工作提供数字依据。数据是非常宝贵的商业资源,开发好这座"数据金矿",能够为企业带来源源不断的利益。

在分析销售数据之前,首先要明确分析数据的目的,通过以往的销售数据,总结出销售的规律,找出不足之处,进而制定相关的策略,创造更好的销售业绩。

有了数据就要做分析,数据和数据分析是两回事。如果数据是工具,那么数据分析就是使用工具的人。如果企业能够使用好工具,就能产生很大的经济效益;使用不好,不但会造成资源浪费,还会影响下一步的销售策略。

在实际的工作中,很多企业在销售数据分析上存在着很大的问题。具体表现为:脱离市场,仅仅通过一些简单的数据,加上一些看似正确的数理逻辑推理,从中得到一些结论,然后沉迷其中,肆意评论。这些所谓的结论,对于下一步的销售策略分析和制定是没有任何实质性帮助的,有时还会造成不利的影响。

比如,有的公司会规定拜访数量的指标。如果从数据层面来看,上个月的拜访数量50家,这个月的拜访量下降到了40家,并且业绩也比上个月有所下滑。根据这些数据,有的管理人员就在分析数据后得出了结论:拜访量减少很多,从而造成业绩下滑,所以下一步策略是增加拜访量。乍一听这样的分析和决策好像很有道理,有理有据,很有逻辑性，实则不然。那么，漏洞出现在什么地方呢？在管理人员的头脑中，下意识地认为拜访量和业绩有着明显的因果关系，拜访量越多，业绩就越高，拜访量越少，业绩就越低……其实，这是一种思维误区，把一种较弱的关联关系理解成很强的因果关系。思路出了问题，得出的结论肯定也是有问题的。销售的终极目标是业绩，不能为了数量而去做"数量"，更不能迷失在数据的海洋里，看不清前进的方向。

要以市场化的思维去分析销售数据，永远不要用简单的数理逻辑和不成文的感觉去分析数据。比如，销售员的拜访量减少，就可以通过CRM系统去分析，为什么这个月的拜访量会减少。经过分析后发现，有个大项目占用了两天的时间，造成拜访数量减少。同时，尽管大项目占用了很多精力，但是由于竞争对手的介入，造成大项目失败，没有中标，所以本月业绩也下降了很多。经过这么一分析，"真相"就逐步浮出水面：并不是拜访数量减少导致了业绩的减少，而是大项目占用了太多的精力，又竞争失败，导致业绩下滑。了解到"真相"后，下一步要探究的就是这个大项目失败的原因。

再进一步，就是企业业务人员在应对竞争对手时出现了问题，导致订单流失。所以，后面的销售策略应该是提升业务人员与竞争对手竞争的能力，而不是简单地提升拜访数量。

企业要善于运用市场和销售思维，透过销售数据分析事情的本质，得到有价值的结论和销售策略，进一步完善企业的销售定位。

第75招——产品生命周期

产品生命周期是指一种产品在市场上的销售情况及获利能力随着时间的推移而变化。这个过程在市场营销学中被界定为从产品试制成功投入市场开始,直到产品被市场淘汰,最终退出市场为止所经历的全部时间。

产品生命周期不同于产品的使用寿命。产品的使用寿命是指产品的自然寿命,即产品从制造出来到不能正常使用而报废所经历的时间。决定产品使用寿命的是产品自身因素,比如质量和耐用程度等,以及对产品的使用、维护状况,其变化伴随着产品的具体物质形态的消耗磨损,是具体的和有形的。而产品生命周期则是由产品的更新换代程度和人们价值观念的变化决定的,是产品的社会经济寿命,其变化是抽象的和无形的。

产品生命周期与使用寿命并无必然联系,有些产品使用寿命很长,如流行时装,但产品生命周期很短;有些产品使用寿命很短,如鞭炮,但产品生命周期却很长。

产品从进入市场开始,直到退出市场所经历的市场生命循环过程,起始于产品的研究开发、试销，然后进入市场，它的市场生命周期才算正式开始。产品退出市场，则标志着生命周期的结束。产品的生命周期包含产品的导入期、成长期、成熟期和衰退期四个阶段。

导入期，是产品刚刚导入市场时销售缓慢增长的时期。在这一阶段，由于成本和巨额促销费用，产品几乎没有利润甚至是亏损的。

成长期，是产品被消费者迅速接受，利润大幅度增加的时期。

成熟期，产品已为大多数人所接受，市场趋于饱和，销售增长缓慢。

衰退期，是销售下降、利润不断减少的时期。

产品种类、产品形式与品牌的生命周期各不相同，典型的产品生命周期对于产品种类、产品形式、品牌这三种情况的适用程度有所不同。一般而言，产品种类的生命周期最长，这是因为许多产品种类受人口、经济等因素影响，其周期变化无法预测；有些产品种类的生命周期的成熟期可能会无限延续下去。

品牌的生命周期的变化一般是不稳定的，它受市场环境及市场营销决策、品牌知名度等因素的影响。品牌知名度越高，其生命周期就越长。有时品牌的竞争战略和战术的改变，会使这种品牌的销售额和市场占有率上下波动，甚至会使这种品牌由成熟期转入另一个迅速成长期。

不同的产品，其生命周期也各不相同，如服装产品生命周期可能只有几个月，而汽车产品生命周期可能有一百余年。

各种产品的生命周期曲线形状也有差异，有的产品一进入市场就快速成长，迅速跳过导入期；有的产品可能越过成长期直接进入成熟期；

还有的经历导入期后，未能成长起来就直接迈向衰退期。

此外，产品的生命周期是按国家和地区来划分的，即同一种产品在不同的国家或不同的地区，它的生命周期也就不同。

第76招——成功与失败

特劳特的定位理论指出："成功往往会导致贸然延伸产品线。当一个品牌获得成功后，公司会认为名称好是该品牌成功的根本原因，所以他们便急切地给其他产品也都冠以同样的名称。"于是大家可以看到，很多品牌一旦被市场认可，就会不断拓宽产品线，推出一系列以此品牌命名的产品。事实上，成功与失败是并行的，贸然延伸产品线，很容易导致失败。

企业在品牌延伸中盲目推进，会增大产品线延伸的风险，降低品牌延伸的成功率，从而导致企业营销活动的失败。比如大家熟知的两面针牙膏。2004年，两面针牙膏销量超过5亿支，仅次于佳洁士、高露洁。同年，两面针成功登陆A股市场。然而，就在两面针上市的那一年，发生了两件事，预示了其后来的结局：一是自2004年开始，两面针开始进行多元化的布局；二是在2007年，两面针又提出"无产品经营不稳，无资本运作不富"的理念。从此，两面针由一支牙膏延伸到了包括洗涤用品、旅游用品、生活纸品、医药、精细化工、制浆造纸和房地产等产业，产品线无限延伸。两面针的品牌延伸简直就是逆流而上，它的洗涤用品、旅游用品、生活纸品都无法让消费者因为一支牙膏就对它们产生信任，而做牙膏的进入医药、精细化工等高精尖的专业领域，更会让消费者对其专业性产生怀疑，更何况还有毫无关联的房地产领域。最终，两面针没有捡到芝麻，反而丢了西瓜，因为没有将工作重心放在牙膏上，忽视了改进牙膏的品质与综合竞争力，最终在200多亿元的牙膏市场中，连1%的份额都占不到了。

再举一个大家比较熟悉的例子，海底捞在2019年开始疯狂扩店，意图在2020年使全球开店的数目达到1000家，这也算是产品线的延伸，不断地扩张，跑马圈地。然而到2021年，海底捞突然宣布关停300家门店。

2021年6月15日，海底捞创始人张勇在一次交流会上坦诚地说："我对趋势的判断错了，去年6月我做出进一步扩店的决定，现在看确实是盲目自信。当我意识到问题的时候已经是今年1月份，等我做出反应的时候已经是3月份了。"

海底捞总结了因快速扩张造成经营未达预期的具体表现：

部分新开门店选址不合理、内部组织架构变革让各级管理人员"无法理解且疲于奔命"、优秀店经理数量不足、过度相信"连住利益"的KPI指标，以及企业文化建设的不足。

好在海底捞承认了自己的错误，及时止损了。

第77招——开创需求

改革开放的四十多年,是我国市场经济迅猛发展的阶段,短短的四十多年间,机遇与挑战并存,在这个无与伦比的历史舞台上,中国以世界瞩目的速度飞速前进。而特劳特的定位理论也在这些年间,为全球的企业所了解、吸收和运用,诞生出一个个享誉全球的强势品牌:IBM、微软、苹果、戴尔、谷歌……而中国的企业也在近20年间,将定位理论应用于企业的发展过程中,王老吉、劲霸、九阳、九龙斋……一系列品牌正在利用定位理论,不断发展,陆续崛起。

发展到今天,企业大都已经有了初步的定位,那么,如何开创新需求呢?

我们习惯于用原有的价值观和消费观来评判一个新的事物,而新生事物须用全新的、不同的视角来评价其合理性,因为在固有的理性框架下进行思考,很难看到新需求。事实上,经验在新的需求面前是没有太多价值的,我们必须摆脱旧有的规则模式下的思考,去创新需求。

开创新需求就是去改变行业规则,让新的规则自成一体。当然,挑战原有的行业规则,还与人们根深蒂固的"路径依赖"以及面对新生事物时的不安全心理相抵触，因而更考验企业的风险承受能力。

苹果公司前任 CEO 约翰·斯卡利说过一句话："没有任何市场调查能创造出消费者对苹果电脑的需求，而一旦我们创造出这种需求，并将其摆在消费者面前，每个人都能发现这就是他们所需要的。"鲁迅先生也说过："世上本没有路，走的人多了，也便成了路。"

比如人们都听说过这样的事情：把梳子卖给和尚；把冰箱卖给因纽特人；把鞋子卖给非洲人。这都是创造需求的行为。创造需求是一种能力，也是一种全新的定位方式。

优秀的企业满足需求，伟大的企业创造需求。创造需求是一种能力，也是企业发展的无限动力。

第78招——经典品牌的创新之路

企业要更新定位，也要更新老品牌，老品牌的新发展不是简单地把历史配方、历史包装重现，而是根据当下的市场环境、消费习惯，与时俱进地进行创新，为老品牌增添新动能。

1936 年，北平制冰厂成立。1951 年，北冰洋商标注册，同年，第一批北冰洋汽水从工厂生产出来。20 世纪 80 年代中期，北冰洋汽水在北京市场一枝独秀，最辉煌时年产值超过 1 亿元，利润 1300 多万元。

20世纪80年代中期，定价两角钱左右的北冰洋汽水算得上"奢侈品"，但需求依然火爆。在汽水厂门前，等着拉汽水的车辆排成长队。喝北冰洋汽水，曾是许多北京人的习惯。玻璃瓶、金属盖、醒目的雪山、仰头眺望的白熊，这是北冰洋汽水的经典形象。

20世纪90年代中期，北冰洋与外国公司合资后，合资公司逐年削减北冰洋汽水的产量，导致这个民族品牌在大众视野中一度消失。而同期的饮品市场中，各类碳酸类饮料和果汁类饮料纷纷崛起，市场一片火热。北冰洋汽水就此沉寂。

沉寂十多年后，北冰洋重回市场，老品牌又拼出了新天地。2011年11月1日，已停产15年的北冰洋再度面世，引起轰动。当天，3000箱北冰洋汽水一销而空。两个月后，工厂已实现盈利；第二年，销售额便超过7000万元。到2014年夏天，北冰洋日均销售量已达2万箱。2018年，北冰洋年销量为1200万箱，年销售收入超过6亿元。

事实上，北冰洋这个老品牌的新发展非常艰难，"橙橘香气，气足沙口"曾是北冰洋汽水的精髓。从准备复出之日起，北冰洋饮料食品有限公司就开始科技攻关。新北冰洋不能简单复制老产品，因为时代变了，当年的特点现在不一定能吸引人。比如，现在的北冰洋二氧化碳含量比老北冰洋低很多，老北冰洋汽水有冲嗓子的感觉，现在的年轻人不一定接受得了。技术团队试过很多种配方，每次研发后都会严密地品尝审查，由一些曾喝过老北冰洋的老人以及在老北冰洋公司工作过的员工试喝，然后再找年轻人品尝。

复出的北冰洋，从包装到设计，从原料进货到成品销售，看似一切如旧，其实已经焕然一新。如今的北冰洋汽水果汁纯度接近4%，比20年前的老北冰洋高出将近一倍，满足了人们对营养及健康的需求。

北冰洋能够成功复出是由于新北冰洋不仅坚持了传统产品的特色和品质，还为老品牌注入了新鲜的活力元素。

在产品包装上，北冰洋在继续采用环保、怀旧玻璃瓶的同时，还增加了听装、PET塑料瓶等多种包装形式，造型更具时尚感，更加方便携带，给消费者提供了多样化的选择，且适合不同场景饮用。

在产品品类上，北冰洋还开发了无糖橘汁、无糖橙汁、枇杷汽水、酸梅汽水、苏打水等系列产品，除了饮品，双棒雪糕、冰糕、水蜜桃罐头等当年北冰洋的拳头产品，也经过创新完善后逐步上市。

如今，北冰洋不断开展数字化经营，积极拥抱新零售、直播带货等新业态，盒马鲜生也上线了北冰洋瓷罐酸奶。随着移动互联网、大数据等新技术层出不穷，北冰洋的营销手段、管理手段也在不断调整。随着直播电商兴起，北冰洋借助第三方平台发展了电商业务，开启了"企业+互联网"的创新。

老品牌的新发展，并不是简单地把历史配方、历史包装重现，而是要根据现在的市场环境、消费习惯，与时俱进地进行创新，不断激发企业改革创新的内在潜力，为老品牌增添新动能；通过产品创新，不断为消费者创造惊喜，实现老品牌的新发展，开拓老品牌的新道路。

第79招——品牌扩张

品牌扩张指运用品牌及其包含的资本进行发展、推广的活动。它涉及的活动范围相对比较广，包括品牌的延伸、品牌资本的运作、品牌的市场扩张、品牌的转让和品牌的授权等活动，也指现有品牌进入完全不相关的市场的行为。通俗地讲，品牌扩张就是品牌的延伸与创新。

21世纪是品牌纵横的世纪，品牌已成为企业最有潜力的资产，品牌扩张也成为企业发展、壮大的有效途径。众多企业利用品牌扩张策略使销量增加、企业壮大，获得了很好的经济效益和社会效益，也有一些企业在品牌扩张方面盲目运作，缺少计划，不仅不利于企业发展、品牌发展，反为其所困，落得伤痕累累。品牌扩张是一门科学、一种技术，也需要技术手段。

例如，雅马哈早先是日本一家摩托车生产厂商，后来进入音响、钢琴、电子琴等领域，这就是典型的品牌扩张行为。青岛海尔集团作为我国的名牌企业，其"海尔"品牌具有极高的品牌价值。在20世纪80年代中期，海尔最先推出海尔系列冰箱，在取得成功后，又进行品牌扩张，不失时机地推出了海尔洗衣机、海尔电视、海尔空调，直到后来的海尔电脑和海尔手机。海尔的品牌扩张使其获得了巨大成功。再如，麦当劳利用其品牌优势开展特许经营、加盟连锁，在全世界范围内扩张。

经济学研究资源的合理配置与利用，只有配置合理，才能充分发挥资源的效用。品牌作为企业重要的资源，如何才能实现有效扩张、延伸和创新呢？举一个国内品牌的例子：南极人成立于1997年，是中国最早成立的内衣企业之一，首创保暖内衣产品，开创了中国内衣行业发展的新道路。2008年，南极人转型为"品牌授权"模式，砍掉生产端和销售端，推出了"NGTT"南极人共同体商业模式。也就是说，南极人的产品线有了无限延伸的可能，在南极人"NGTT"共同体模式中，南极人摆脱了传统企业集生产、销售为一体的繁重模式，作为一个开阔的平台，率行业之先，致力于向互联网企业转型，着重为所有南极人合作商提供核心服务。这种核心服务同时也支撑起南极人定下的伟大愿景和使命：帮助中国千万正能量有特色有追求的中小型企业实现持续成功。

南极人明确了消费品王国的目标，提出了全新的定位，即"0～80岁""全年龄层"的消费群，这个人群涵盖面之广，几乎包含了人与人之间的所有情感关系：亲情、友情、爱情。即亲人、友人、爱人之间的感情和关爱，为此"Inner love 感情深·南极人"的品牌核心价值观得以确立。给身边的人以最真诚的关怀，这是南极人主张的爱。南极人用温情的倡导，拉近了与消费者的距离。如今南极人品牌的产品包括内衣、母婴、男女装、床品、布艺、鞋品、配件、居家日用，甚至包括小家电。

消费者使用某个品牌产品或接受某种服务并获得满意的效果后，就会对此种品牌形成良好的消费体验，并让这种体验影响其他消费行为。尤其是消费者在消费某一名牌并获得了满意后，会形成一种名牌的"光环效应"，影响这一种品牌下的其他产品或服务。而品牌扩张正是应用"光环效应"，从而利用人们对品牌的好感，影响着人们对延伸和创新产品的消费行为。

第80招——多品牌策略

随着消费需求的多元化，单一品牌往往不能满足消费者偏好的多元化需求，一个消费群体因为需求的细分，会分离成不同偏好的几个群体，如果品牌只有一个，定位就会比较笼统，容易因为个性不明显而造成品牌形象的混乱，这个时候，就要引入多品牌策略，来解决消费群体细分的问题。

多品牌策略也称为产品品牌策略，是指对一种产品赋予其一个品牌。不同产品品牌有不同的品牌扩张策略，一个品牌只适合于一种产品、一个市场定位。那么，多品牌策略就能最大限度地显示品牌的差异化与个性化。多品牌策略强调品牌的特色，并使这些特色伴随着品牌深深地植入消费者的记忆之中。

首先，采用多品牌策略有助于企业全面占领一个大的市场，满足不同偏好消费群的需要。一种品牌有一个定位，可以赢得某一消费群，多个品牌各有特色，就可以赢得众多消费者，广泛占领市场。

其次，多品牌策略有利于提高企业抗风险的能力。采用多品牌策略的公司赋予每种产品一个品牌，而每一个品牌之间又是相互独立的，个别品牌的失败不至于殃及其他品牌及企业的整体形象。这不同于单一品牌策略。实行单一品牌策略，企业的形象或企业所生产的产品特征往往由一个品牌全权代表，一旦其中一种产品出现问题，就会影响到品牌的整体形象。

最后，采用多品牌策略适合零售商的销售行为特性。零售商通常按照品牌安排货架，多品牌可以在零售货架上占得更大空间，增加销售机会。

多品牌策略虽然有很多好处，但其对企业实力、管理能力要求较高，市场规模也要求较大，因此，采取此种品牌策略时应慎重考虑。

多品牌策略还包括复合品牌策略。复合品牌策略是指对同一种产品赋予其两个或两个以上的品牌，即在一种产品上同时使用两个或两个以上的品牌。

根据品牌之间的关系，可将复合品牌策略细分为注释品牌策略和合作品牌策略。

注释品牌策略是指在同一种产品上同时出现两个或两个以上的品牌，其中一个是注释品牌，另外一个是主导品牌。主导品牌说明产品的功能、价值和购买对象，注释品牌则为主导品牌提供支持和信用。注释品牌通常是企业品牌，在企业的众多产品中均有出现。注释品牌策略可将具体的产品和企业组织联系在一起，用企业品牌增强商品信誉。

合作品牌策略指两个或两个以上企业的品牌同时出现在一个产品上。一种产品同时使用多个企业合作的品牌是现代市场竞争的结果，也是企业品牌相互扩张的结果。这种品牌策略现在很常见，比如"一汽大众""上海通用"等。使用这种策略最成功的例子是英特尔公司。英特尔公司是世界最大的计算机芯片制造商，它与世界主要计算机厂家都开展了合作。1991年，英特尔公司推出了奔腾系列芯片，并随之制订了耗资巨大的促销计划，拟每年花1亿美元，鼓励计算机的制造商在其产品上使用"Intel Inside"的标识。如果参与这一计划的计算机制造商购买平台上也注有"Intel Inside"的话，则给予5%的折扣。1992年，英特尔公司的销售额比上年增加63%，"Intel"的标识也随着计算机产品的使用被更多的人认识到。由于芯片是计算机的核心，而英特尔一直是优良芯片的供应商，因此，消费者心目中形成了一种印象，即计算机就应该使用英特尔公司的芯片，计算机就应该加上"Intel Inside"的标识。如今，众多的计算机品牌如IBM、Dell、HP、联想、方正，均把"Intel Inside"标识都加在其产品上，英特尔的品牌名声也越来越大。

第 9 章

利他热销

第81招——客户至上

客户至上听起来有些老套，但事实上，在大数据时代，客户至上更为重要，大数据所体现的客户的变化和需求，就是企业经营的方向和指导。比如现在特别推崇的"定向推送"广告，就是客户至上典型范例。所谓定向推送广告，就是锁定特定的人群来推送广告，比如根据顾客的地区、性别、兴趣来推送顾客感兴趣的广告。但仅仅是这样，还是不能确定将广告传达给刚需用户。有效的定向推送广告一般要做到精准推给刚需用户才行。什么是刚需用户？就是近期在查找和查看宣传、广告所涉及的产品资料的人群。这个跟兴趣不同，比如说对房地产行业感兴趣，跟最近在查找房产楼盘资料需要买房是不一样的。很多互联网企业的业务模式就是建立在定向推送的基础上的，比如今日头条，其广告定向推广，就是指利用巨量引擎广告投放平台的 AI 数据技术，根据消费者的历史搜索轨迹及消费轨迹，分析用户的兴趣爱好，从而有目的地向消费者推送他们所关注的产品及服务，而在这过程中也可以看出该广告主是否专业和靠谱。

说到客户至上，还要提到海底捞。海底捞是一家火锅店，它为大众所津津乐道的不是火锅的味道，而是贴心的服务。海底捞的服务究竟有多好，相信去过的人都会拍案叫绝。

在海底捞的用餐体验，总结来说就是：顾客想要的，海底捞都有，顾客想不到的，海底捞也有。还没进门，门口就会有小姐姐在迎接，真是倍感受宠若惊。众所周知，近视的人吃火锅是非常烦恼的，因为眼镜片每次都是雾茫茫一片，还没法擦拭。但是在海底捞就不用担心这样的问题，海底捞的小姐姐会细心地为近视的人拿来眼镜布，方便顾客擦拭镜片。在海底捞非常不一样的一点是，点完菜服务员会送上围裙，还会帮忙把外套挂起来，为了防止让手机进水，还会提供透明的密封袋装手机。看见桌上有长头发的小姐姐，服务员还会送来皮筋，有时甚至还会帮顾客扎好头发。如果有带娃的宝妈不方便吃饭，服务员还可以帮忙抱娃；如果有遛狗的顾客不方便进店吃饭，服务员还可以帮忙遛狗；有的顾客累了一天，懒得起身去取小菜、水果和小料，只要你开口，要多少服务员就给你端多少；在用餐过程中，如果发现顾客自己倒酸梅汤，服务员会第一时间跑过来，迅速给顾客倒好酸梅汤；如果服务员发现顾客被蚊子咬了，还会送上风油精等驱蚊用品……顾客如果这一天过生日，只要被服务员发现了，海底捞的员工就会围拢过来，举着生日快乐的牌子，给顾客戴上有趣的生日帽，送上长寿面或者其他免费的赠品，甚至送上生日蛋糕……每桌都有赠送的小吃，比如蛋羹、蒸南瓜。如果顾客喜欢，可以跟服务员要求赠送免费小吃，要几份都可以，服务员绝不会不耐烦或者说每人只限一份……如果你一个人来吃海底捞，服务员会在你的对面放一只可爱的小熊陪你吃饭；如果你失恋了来吃海底捞，服务员会安慰你、劝你，甚至提出给你介绍个海底捞的漂亮姑娘或者帅小伙，总之就是想尽办法让你开心起来……吃完之后，如果你想打包自取的免费小菜，服务员会热情周到地给你送来餐盒，甚至帮你装好送到桌前；如果一起吃饭的有孩子，服务员还会赠送小零食和小玩具，甚至还有海底捞的汤包赠送……总之，只要你好意思开口，海底捞的服务员会满足你的一切愿望。海底捞超出顾客期望的服务，让顾客感到意外，也让他们在海底捞享受到了在其他餐馆享受不到的服务。海底捞的服务差异化战略充分体现了顾客至上，让顾客在吃好的同时，永远地记住了海底捞，并且真的感受到了比回家还舒适周到的服务，试问，这样的海底捞，顾客能不一而再，再而三地光临吗？

可以说，到目前为止，还没有哪一家连锁火锅店的服务超越海底捞，在餐饮点评网站——大众点评网上，海底捞纯粹由顾客打分排名，始终高居北京火锅店的前三名。

第82招——以人为本

特劳特的定位理论提倡以人为本，产品和营销都要占领顾客的心智。以人为本是经营者或管理者的一种领导方式或理念。

从严格意义上说，以人为本是人力资源管理的范畴，建立和健全人力资源管理机制才能真正做到以人为本。

以人为本的管理主要是指在企业管理过程中以人为出发点和中心的指导思想。以人为本的管理活动围绕着激发和调动人的主动性、积极性和创造性来展开。

以人为本的管理致力于人与企业的共同发展。以人为本管理的重要性在于它是提高企业知识生产力的重要条件。

以人为本的管理，其基本思想就是人是管理中最基本的要素，人是能动的，能与环境发生交互作用，创造良好的环境可以促进人的发展和企业的发展；个人目标与企业目标是可以协调的，将企业变成一个学习型组织，可以使员工实现自己的目标，在此过程中，企业进一步了解员工，从而使得企业目标更能体现员工利益和员工目标。

还是以海底捞为例。海底捞是如何让服务员主动积极地为顾客提供服务的？餐饮业的服务员大都是背井离乡的农村孩子，因为家境不好、书读得少、见识不广，所以大都有些怯懦，或者有些自卑。海底捞的服务员更是如此，火锅店技术含量低，只要稍加培训就能做海底捞的服务员，但是如何让服务员愿意在这样的环境里主动地服务客人，用海底捞创始人张勇的一句话来表达，那就是：把员工当成家里人。也就是从企业管理角度对员工以人为本。

把员工当成家里人并不是简单的一句话，大部分背井离乡打工的餐饮业服务人员都是租住在地下室、半地下室等条件恶劣的房子里，但海底捞给员工提供的住宿环境是和城里人一样的楼房，里面有空调有暖气，还有专门的阿姨负责打扫宿舍卫生、换洗被单，宿舍里可以免费上网，电视、电话全都有；海底捞的员工培训里甚至有如何看地图、如何用马桶、如何坐地铁、如何过红绿灯、如何使用银行卡等生活常识。因为海底捞的员工大都来自四川简阳，所以海底捞出钱在简阳建了一所寄宿学校，解决了员工的后顾之忧。海底捞不仅照顾员工的子女，还会想到员工的父母：海底捞领班以上的员工，其父母每月都会收到公司发放的几百元补助，因此，海底捞出现了这样一个现象，员工要是不好好工作，父母就会替海底捞教训他；海底捞每年都会组织优秀员工的父母去海南旅游。海底捞还有一些让人力资源专家大跌眼镜的政策：夫妻同在海底捞打工，公司补助夫妻房；员工在春节可以享受7天带薪年假；海底捞的任何一位店长因为任何理由离开海底捞，都会收到一笔8万元的"嫁妆"；任何一位区域经理离职，海底捞都会赠他一家海底捞的店面；海底捞还赋予每个员工极大的自主权，每个一线员工只要认为有必要，都可以给客人免一个菜或加一个菜，甚至免一餐。总而言之，海底捞十分重视以人为本，把员工当成家里人。虽然海底捞在员工身上的成本远远高于同行，但正是这样"以人为本"的企业文化，让海底捞的员工感受到了尊重，感受到了信任，感受到了爱，于是都把海底捞当成了自己的"家"，并想着如何让"家"过得更好。这样的一个企业，其发展自然会蒸蒸日上。

第83招——人性化品牌

很多企业在起步阶段,都强调"先做产品,再搞品牌",然而大量的案例却表明,大部分的企业虽然做产品一流,且有着优秀的研发团队、先进的技术和创新的理念,但是在做品牌上却跟不上做产品的脚步,这是非常可惜的事情。

特劳特在《营销战》一书中这样讲:现在这个时代,营销的战场本质已经不是在货架上,而是在消费者的心智中,如何能有效地使品牌在消费者的心智中占位,是赢得营销战的关键。

当下,消费者的注意力被严重碎化,广告主面对今天全新的营销环境,难免感叹:花了那么多钱请了明星、做了特效广告,用户不仅不看这些广告,却反过来专门花钱跳过广告……特别遗憾的是,品牌花了巨资来合作的很多节目的内容还和品牌的调性、理念不一致,最终导致品牌的钱烧掉了,打的却还是别人的IP,品牌控制权也越来越弱。

那么,品牌如何才能从浩如烟海的信息中脱颖而出呢?

很多企业认为,品牌就是一个统一的标识,冷冰冰的物品,只是工业时代的产品,现在人们更喜欢有温度的品牌。什么是有温度的品牌？也就是人性化品牌。

中国有句老话叫"物以类聚，人以群分"，只有与自己同类的人在一起，才会感到放松自在；在不熟悉的环境和不同类的人群中则会感觉不自然。顾客与品牌的互动也是如此。

营销者赋予品牌"人"的特征，将其当人一样展示的行为就是品牌拟人化。拟人化的品牌，具有形象化和情绪化的特点，解决了消费者对品牌的情感诉求、利益诉求、崇尚的价值观等问题。只有在品牌的个性和消费者的个性一致的情况下，消费者才会购买。

心理学认为，个性就是个体在多种情境下所表现出来的具有一致性的反应倾向，是个体对外界环境所做出的习惯性的行为。对消费者的研究表明，消费者的个性直接影响着消费者的购买行为。

移动互联网时代，用户的消费行为朝着个性化方向发展，消费者对商品的需求不再单纯以产品功能为导向，而是更加关注品牌背后的人格化特性。

面对消费需求日趋多样化的形势，品牌必须有明确的目标消费群体，并针对目标群体的个性需求进行产品设计、价格定位、分销规划和广告活动，将品牌打造成具有独特魅力的人性化品牌符号，从而获取这一群体的信赖，形成品牌黏性。通过拟人化，品牌在消费者面前不再以冷冰冰的形象出现，而是化身为有温度的、与消费者有类似性格特征和高度辨识度的"人"，让消费者产生共鸣和社交需求，从而实现营销的最佳效果。

总体来讲，人性化品牌的关键就是要从消费者的角度，赋予品牌

"人化"生命，当品牌代表的不仅仅是一个产权意义上的商标、一个符号、一句标识语，而是转换为一个立体的、能和消费者对话与沟通并达成共鸣的"人"的时候，在这个用户至上的时代中，品牌才会脱颖而出。

人性化品牌不仅包含产品，也包含服务，比如日本的实体门店，大多能给人以全方位的零售体验，无论是产品、品牌混搭还是室内设计，但真正给予实体零售"灵魂"的，还在于门店设计和服务的"人性化"细节。以滑板服饰店为例，店员会进行品牌混搭，让顾客获得探索的乐趣：针织套头衫和图片卫衣放在一个区域，一个陈列柜中摆放着手工制作的眼镜，旁边的一个架子上摆放着精选的美妆产品。古董桌子上摆放着小型皮具，装着毯子的篮子边上，是一台唱机和一篮黑胶唱片。墙面上则是简单地挂着几款手袋和腰包，昂贵的美利奴羊毛袜子则放在窗边，周围则是各种饰品和绿植。就连店中摆放的家具都可出售，只要顾客喜欢。

日本销售人员的服务向来为外界所赞颂，其实"人性化"自古以来就是零售行业的关键元素，销售人员需要与顾客进行有效而良好的沟通，建立长久的联系，才能提高销售额，获得利润。日本销售人员拥有绝佳的"察言观色"能力，顾客不想交流时就默默站在一边，在顾客寻求帮助时，往往能推荐合适的商品。仔细一想，如果消费者不想与店员沟通，他为什么不直接网购呢？所以，优秀的销售人员给予的有效推荐和指导，会大大提升整体购物体验。

第84招——消费者心理

特劳特认为，无效的广告语给企业带来的是无效的传播，永远无法使企业或品牌在消费者心中建立起一个特定的位置，形成区别于竞争对手的价值。也就是说，无法攻占消费者心智。

那么要想攻占消费者心智，就要深刻地了解并运用消费者心理。

消费者心理是消费者消费心理和购买心理的总称。消费者购买商品的一般心理过程包括对商品的认识过程、情绪和情感过程、意志过程。消费者购买行为的心理类型包括习惯型、理智型、选择型、冲动型、想象型。消费者购买过程的心理动机包括求实、求廉、求名、求新、求美和求阔好胜等。

影响消费者购买心理的主要因素有商品本身的因素、宣传的影响、消费服务因素以及外部环境的影响等。

研究消费者心理，对于充分利用市场营销组合手段，引导消费，扩大销售，提高效益具有重要的意义。

根据消费者卷入程度和商品差异的组合，主要有四种消费者购买类型：复杂型购买、和谐型购买、多变型购买和习惯型购买。对于不同的消费者的购买行为类型，企业的机会不同，促销的重点也不同。影响消费者购买决策的因素分为：环境因素、刺激因素、消费者个人及心理因素等。

企业在产品定位、品牌定位的过程中，需要特别关注消费者的心理，包括价值心理、规范心理、习惯心理、身份心理、情感心理、面子心理、从众心理、推崇权威、爱占便宜、害怕后悔、炫耀心理、攀比心理以及心理价位。

企业在开发产品的时候，策划人都会对产品进行一系列的品牌定位。当产品进入市场与消费者面对面的时候，产品的定位成功与否，看消费者对产品的接受程度和购买心理就可以得到结论。

消费者选择品牌的主要依据是平常对各种品牌的了解，而他们了解这些信息的主要渠道就是广告。消费者对品牌的熟悉程度影响着他们的购物行为。

当今企业正面临前所未有的激烈竞争，市场正由卖方市场向买方市场演变，消费者主导的营销时代已经来临。在买方市场上，消费者将面对更为纷繁复杂的商品和品牌选择，这一变化使当代消费者心理与以往相比呈现出一种新的特点和趋势：个性化消费成为消费的主流，主动性消费增加，消费者心理稳定性减小，转换速度加快，价格始终对消费者心理产生着重要的影响，而产品的方便性和乐趣性也在逐渐增大对消费者心理的影响程度。

第85招——品牌营销

品牌营销是通过市场营销使客户形成对企业品牌和产品的认知，是企业不断获得和保持竞争的优势。最高级的营销不是建立庞大的营销网络，而是利用品牌符号，把无形的营销网络铺建到社会公众心里，把产品输送到消费者心里，使消费者认准这个产品，购买这个产品，并使得投资商选择合作时认可这个企业，这就是品牌营销。

品牌定位营销专家特劳特认为，品牌营销成功的关键，在于满足消费者的需求。而企业形象与品牌形象是促进销售的核心力量。品牌延伸可利用现有品牌资产，在新领域获得竞争力。

提到这些年品牌营销的成功案例，绕不过农夫山泉、脑白金和金龙鱼这三个品牌。

1998年，娃哈哈、乐百氏以及其他众多的饮用水品牌展开了抢夺市场的大战，一时间硝烟四起。在这些品牌面前，刚刚问世的农夫山泉势单力薄，而且，由于农夫山泉只从千岛湖取水，有着运输成本高昂的劣势。农夫山泉在这个时候切入市场，并在短短几年内抵抗住了众多国内外品牌的冲击，稳居行业三甲，其获得成功的原因之一在于其品牌营销之策，它直接表现为一个独特的概念创意：农夫山泉有点甜。

"农夫山泉"真的有点甜吗？非也，营销概念而已。"甜"不仅传递了良好的产品品质信息，还让人联想到了甘甜爽口的泉水，有了这样的心理暗示和联想，消费者喝起来自然感觉"有点甜"。简单的一个"甜"的概念传递了丰富的信息。

脑白金的品牌营销成功也源于一个特别的概念创意，不仅如此，它甚至以一己之力吆喝起了中国的礼品市场。在中国，如果谁提到"今年过节不收礼"，随便一个人都能说出"收礼只收脑白金"。脑白金可谓是中国礼品市场的第一批品牌产品的首要代表。作为单一品种的保健品，脑白金以极短的时间迅速启动市场，并登上中国保健品行业"盟主"的宝座，引领我国保健品行业长达五年。其成功的最主要因素在于找到了"送礼"的轴心概念。

中国是礼仪之邦，有年节送礼，看望亲友、病人送礼，公关送礼，结婚送礼，年轻人对长辈送礼等，礼品市场极其浩大。脑白金的成功，关键在于定位于庞大的礼品市场，第一个把自己明确定位为"礼品"，并以礼品定位引领消费潮流。

再说金龙鱼。在中国，"金龙鱼"食用油10年来一直以绝对优势稳居小包装食用油行业第一品牌地位。调和油这种产品是"金龙鱼"创造出来的。当初，金龙鱼在引进国外已经很普及的色拉油时，发现虽然有市场，但不太能被国人接受。原因是色拉油虽然精炼程度很高，但没有太多的油香，不符合中国人的饮食习惯。后来，金龙鱼研制出将花生油、菜籽油与色拉油混合的产品，使色拉油的纯净卫生与中国人的需求相结合，这才在后来赢得了中国消费者的青睐。

第86招——心智定位

商战的目的，就是设法占领人的心智。特劳特提出，定位就是选择、占据心智认知上最有利的位置。通过商战实现这一目的，商战在顾客的心智中进行，心智是获胜的场所，也是落败的战场，心智决定成败。

坚持占据顾客心智是定位理论的第二个基本点。所有的广告都是要占领顾客心智，如果没有影响到顾客，那么广告就是失败的，影响到了顾客，广告才是成功的。

事实上，有的消费者是缺乏安全感的。由于缺乏安全感，他们会买跟别人一样的东西，避免花冤枉钱或被亲人、朋友批评的危险，所以，人们在购买商品前，尤其是耐用消费品前，都会经过缜密的商品调查。而品牌广告是传达给消费者简单而又容易引起其购买兴趣的信息的最佳方式，且使品牌易于在消费者中传播。举个例子，如果一位顾客要买感冒药，可能会想到"白加黑"，因为这个品牌传达出的信息既满足了消费者想要治好感冒的需求，也满足了消费者安全感的需要，而且消费者无须记住复杂难记的药名。这就是占据消费者心智的典型例子。

广告的核心作用是确定广告的诉求重点，向消费者展示商品的卖点，突出商品特点和企业形象，引起消费者关注，占据消费者心智。

第87招——情感定位

随着社会经济的不断发展，市场竞争已进入同质化时代，哪个品牌抢先进入了消费者的心智，抢先同消费者建立了情感联系，就能抢先获得商机，所以产品的情感定位非常重要。

情感定位是指在产品定位过程中，通过分析公众的心理，赋予产品一种符合消费者群体特征的情感。这种情感既要符合产品特性，又要迎合消费者的心理，这样才能突出自身优势，从更高层次上打败对手，比如融入更多的思想、道德、情感和观念等。

潘婷的泰国广告，情感诉求点是展现"你能行"，即一种不畏艰难，为了自己喜欢的事情去努力坚持，只为实现梦想的精神。这则广告是以微型励志电影的方式来呈现的。故事中的女孩非常喜欢小提琴，很想学，但她是个聋哑人，因此受到别人的嘲笑甚至辱骂，所幸她有个支持她学习小提琴的老师，后来她有了勇气报名参加古典音乐大赛，然而在大赛前，她遭到对手的袭击，老师被打伤住院，参加比赛的小提琴也被摔烂。然而，就在对手自信满满的精彩表演之后，她一袭白衣出现了，手中拿着一把破旧的用胶布粘起来的小提琴，站在舞台中央。她闭上眼睛，感受心中的音乐，让琴音从手中流泻而出，听众渐渐凝神细听。随着乐曲高潮部分的到来，听众仿佛置身于一望无际的麦田之中，饱满而昂扬的麦穗让听众感受到激昂的力量和不屈的精神，每个生命都有朝着梦想前进的权利！这则广告主打情感诉求：你能行！

第88招——市场定位

在特劳特定位理论中，多次提到市场定位，市场定位即把产品制作、投放、宣传的对象定在最有利的目标市场上。通过整合市场，寻找到市场的空隙，找出符合产品特性的顾客类型，确定目标受众。再根据消费者的地域特点、文化背景、经济状况、心理特点等不同特点，进行市场的细致划分。最后进行相应的营销，创作相应的广告，有效地影响目标受众。

举个例子，静心助眠口服液这款产品的市场定位是女性消费者，是给太太们的口服液，帮助女性缓解心烦、失眠、烦闷等不适症状，让心情平复，改善睡眠，从而让家庭和谐。

比如碧生源减肥茶，市场定位就是需要减肥的人群，它通过广告告知消费者,它能满足他们想瘦腿、想瘦腰、想瘦肚子的美丽愿望。然而如果只是能减肥,那其实与一般减肥茶等减肥产品差别不大,但碧生源的另类主题是"健康减肥",从而消除人们对减肥产品的不信任,并用有别于一般减肥产品追求极致减肥效果的思路,打出"不要太瘦哦"的口号,用反向的诉求点,既表明了产品的减肥效果好,又体现了对消费者健康的负责态度。

比如宝洁公司。宝洁公司是世界最大的日用消费品公司之一,宝洁公司的系列产品,特别是被称为"三剑客"的飘柔、潘婷、海飞丝洗发水系列更是出尽风头。

20世纪90年代末,宝洁公司在中国市场正式推出了在中国的自创品牌"润妍",润妍曾经被宝洁寄予厚望,被视为宝洁全新的增长点,无数业内外人士对它脱俗的形象与广告赞不绝口……但今天,被普遍看好的润妍几乎退出了市场。

就因为它市场定位出现了严重的问题。首先,这款产品是护发产品,市场定位在不同于普通洗发水的专门独立的护发产品上,目标市场定位在城市的高知女性,年龄范围在18～35岁,它的细分市场太细,脱离客观现实环境,绕开了低端的大众市场。而事实上,最需要护发产品的,不仅仅是18～35岁的女性,年纪大一些的女性随着发量的减少,更需要护发产品。

再加上随着染发潮流的兴起,女性群体对黑发的概念不会产生太多的认同感,而润妍一再强调黑发,就让目标市场的消费者丧失了兴趣。

因为是针对高知女性,其广告活动带有浓重的艺术气息,而普通大众一般很难与唯美的广告艺术形象和视觉冲击产生情感上的交流。同时，由于润妍的高端市场定位决定了其高于其他一般护发品的价格，这样的价格超出了一般大众的承受能力，因而丧失了大部分消费者，最终无奈退出市场。

事实上，润妍的产品性能、质量特征是符合潮流的，它的失败只是在于市场定位的失败。

第89招——裂变式营销

特劳特创新、独特、颠覆的营销思想都体现在《营销战》一书中，书中有个小故事：有一天，两个人到森林里打猎，偶遇老虎。甲见状，转身就跑；而乙则忙于系鞋带。甲问乙："你系得再好，能跑过老虎吗？"乙回答："不，没有老虎跑得快，但只要比你跑得快就可以了。"

这个故事生动形象地说明了现代企业市场竞争的状态和形势。在现代市场中，消费者的需求就是老虎。所谓欲壑难填，就如人跑不过老虎，一味地追求满足消费者的所有需求是会让企业误入歧途的。所以，企业只要比竞争对手做得更好、更快就可以了。这也是特劳特的《营销战》的核心思想。

营销即战争。特劳特在其著作《营销战》的开篇之语中就写道：

"今天的市场营销的本质并非为顾客服务，而是在同竞争对手的对垒过程中，以智取胜，以巧取胜，以强取胜。简言之，市场营销就是战争，在这场战争中，敌人就是竞争对手，而顾客（的大脑）就是要占领的阵地。"互联网时代，裂变式营销是一种快速而便捷的营销模式，是依靠传播一传十、十传百的扩散营销。

裂变式营销的核心在于如何让用户自发地通过各种平台对品牌信息进行传播，现在一些常用的手段是制造舆论事件，引起用户内心的共鸣，从而引爆用户的浏览量和停留时间，以达到宣传的效果。裂变式营销如果成功了，就会引起不一样的效果，但如果这种模式被乱用，就会起到相反作用。裂变式营销主要通过互联网来传播，传播速度快、范围广，如果品牌不能很好地把握好裂变式传播的方向和节奏，就有可能在短时间里收到大范围的裂变式负面传播效果，而非正面口碑。营销的载体是用户，由用户进行裂变式传播最为直接，只需要制造一些舆论，引发热点就可以，说起来简单，但这操作起来并不容易。

裂变式营销主要分为策划和突发这两种类型。想要制造一个优秀的舆论事件，就必须要策划，这样才能达到预期效果。而有时舆论事件是突发的，这样的效果就没有策划的效果好。但无论是哪种类型，相应的预案、计划都必不可少。

裂变式营销和口碑营销类似，但随着互联网的不断发展，两者之间的区别越来越大了，口碑营销是站在客户的角度来做市场调查，看用户到底喜欢哪个，然后再进行营销。而裂变式营销是站在企业的角度，贯彻以一个字为目的，那就是"火"。口碑营销是营造好的一面，而裂变式营销是不分好坏的，只要能让更多的人关注就可以。

裂变式营销的特点是一对多的营销模式转变成多对多的营销模式，省钱，传播速度快、方法简单，消费者接受信息快。

裂变式营销也有缺点，就是不能持续吸引市场的关注，只能凭借一时的热度来获取粉丝和关注。还有一个缺点就是无法简单复制，想要获得持续关注，就需要不断地创造价值，而裂变式营销是无法做到的，只能通过一些舆论事件来获得关注。

第90招——利他主义

很多朋友都有过类似的经历，逛街找不到厕所时，只要遇到麦当劳，就会走进去上厕所，即便附近有公共厕所也不会去，因为不如麦当劳的环境好。因为疫情，老师留了很多作业，需要打印，家里没有打印机，附近的打印店没有开，怎么办？去链家打印。

你可能会纳闷麦当劳向公众开放厕所，链家为路人打印文件，这些都与企业的主营业务不相关，也不可能给他们创造收益，那他们为什么会这么干呢？

从心理学的角度来讲，这就是利他主义，用在企业身上，就是商业利他主义。在心理学范畴，利他行为来源于人类的同理心，帮助别人可以减轻自己的不安和痛苦，让自己心情愉悦。相信每一个企业都希望自己的员工怀着愉悦的心情而非不安的心情工作。相信每一个为陌生人提供打印服务的链家员工，在打印结束后都会觉得帮助别人是一件幸事，因而感到开心。作为由员工组成的企业整体，同样如此。

说到商业利他主义，就不得不说到麦当劳、链家这种另类服务能够获得的更大隐性收益。

社会学家阿尔文·古尔德纳（Alvin W. Gouldner）认为人类的一种普遍道德准则是互惠规范，即对于那些曾经帮助过我们的人，我们应当施以帮助。

罗伯特·西奥迪尼（Robert B. Cialdini）在《影响力》一书中说：在商业中，互惠原则的体现非常普遍。比如调研公司在街头做调查问卷时，通常会附赠小礼品。比如当一个消费者在超市免费品尝某产品后，相对于没有品尝的消费者，他们有更高的概率完成购买。根据互惠原理，如果你在某天用了麦当劳、肯德基的厕所，你会觉得在一定程度上亏欠他们，因而你总会找机会去他们那里吃一顿汉堡。即便是你没有觉得亏欠，但你因此熟悉了这个品牌，当你有快餐需求的时候，你就会想到它。

如果你到链家打印过文件，你同样会觉得自己既然无偿得到帮助，将来有机会也会回报他们。即便没有这样的想法，你也已经熟悉了这个品牌。如果将来你的房子需要出售或出租，你首先就会找他们服务。

麦当劳、链家提供的免费服务的特点是轻量级，基本不占用时间和人工，最核心的是边际成本不高。边际成本就是每增加一单位产量所增加的成本，对于上述企业来说，就是每增加一个服务人次，企业所付出的成本趋近于零。一天100人次和150人次的厕所，需要付出的清洁人工、时间差别并不大，这项服务基本没有增加他们的成本。再看链家的打印服务，门店本身就有打印机，一张打印纸大概只需要几分钱，对于单店来说，即便每天提供几十次免费打印服务，也不过增加几块钱成本。相对这些几乎为零的边际成本，提供这些服务的收益却并不低。

线下商业也要遵循流量思维，一个门店的收入等于到店人流乘下单率或者成交率。比如链家，走进门店的人越多，成交的机会也就越多。链家通过提供打印服务，提高了进入链家门店的人流量。这些人流量中也许会有一定比例正巧有出售或出租房子，或购买或租赁房子需求的人，如果在服务途中通过交谈，能够满足客户的这些需求，那么就有机会创造门店的交易增量。

为路人提供了服务，路人也会对企业形成良好的品牌印象，将来就有更高的概率付费找企业提供服务。

再者，就像海底捞的服务一样，麦当劳的公共厕所，链家的打印服务，都创造了营销话题。对于品牌来说，一旦某个特点成为坊间的段子，它就有极强的病毒传播效应。很显然，如果你记住了麦当劳的厕所，一定也记住了麦当劳，如果你记住的链家打印店，一定也会记住链家。

商业利他主义，最终还是利己，但它以利他创造了利己，实现了品牌的传播，是双赢的局面。

第 10 章

长期定位

第91招——人性需求

根据特劳特的定位理论可知，不管是产品开发定位，还是市场营销定位，都要考虑人性的需求。针对人性需求的定位分为"顺人性"和"逆人性"。

"顺人性"，就是顺应用户的需求，更方便快捷地满足人类基本的低层次欲望。市面上大多数产品都是直接去满足人类最基本的某个或某些需求，以迎合人性。比如生理需求：饮食——饿了么，盒马鲜生。比如安全需求：财产所有性——链家App，余额宝。比如求职需求：工作——boss直聘等。

"逆人性"，即通过某些手段克制人类某些原始的欲望，但目的却是满足人类更高层次的需求。而"逆人性"产品也是带有某种社会责任的，主要集中在延迟满足要求明显的行业，比如教育和健康行业等。

事实上，这些需求也是顺应人性的，但却需要克制原始欲望的。比如人类的尊重需求：成就。"逆人性"产品有两个层次：一个是中短期对人低层次原始欲望的"逆"；另一个是长期对人高层次精神需求的"顺"。"逆人性"产品的定位，从长期角度来看，还是"顺"人性。

可以说，抖音、王者荣耀等游戏，都是"顺人性"的；饮食控制，在线学习类型的产品就是"逆人性"产品了。消费者很容易刷抖音刷上一整天，然而背单词能坚持1小时都不容易。

所以一定要根据人性需求定位，即便是"逆人性"的产品，也要在产品设计时帮助用户克服短期的挫败，赢得长期的成就。反过来也因为真正帮助了用户，而使"逆人性"产品成为必要，成为有活跃用户的成功产品。

举个例子，很多"逆人性"产品的广告都强调了快速。比如各种学习速成班，七天练出马甲线的健身课程，短期暴瘦饮食法，就是为了规避其"逆人性"的产品特点，尽量减少人们因为趋乐避苦的本能而对产品的拒绝。

"逆人性"产品也不算是市场中的异类，相反，它是伴随着整个社会发展而发展的，做好产品、做好营销说到底还是对人性的探索、对需求的拆分。需要记住的一点就是，"逆人性"逆的是需求本身，而不是产品的体验。

企业心里一定要有杆秤，明确产品的最终目的，活用人性弱点的时候，也要保持初心，为了用户的利益而努力。

第92招——行业定位

特劳特的定位理论包括多方面的定位，行业定位是企业的根本，有些企业在多元化战略的发展道路上，都选择做一个多元化经营的企业，出发点是为了分散经营风险，但由于没有对自身掌握的资源进行深入分析，也没有对各行业进行必要的深入研究，在对整个产业环境缺乏科学预测和分析的情况下，盲目扩张，最终导致定位错误，走向失败。

比如中国保健品行业的开拓者和领导者——太阳神生物健口服液。1987年年底，太阳神的前身"黄江保健品厂"在广东东莞黄江镇挂牌，随后参加了由国家体委举办的全国第一次保健品评比活动，而其生产的"万事达生物健"一举获得了"中国运动营养金奖"，并得到了媒体的广泛报道。1988年年初，生物健技术的持有人怀汉新辞去公职，投入"生物健"，将黄江厂的厂名、商品名和商标统一更改为"太阳神"，当年就实现销售收入750万元。

太阳神企业战略一直是"以纵向发展为主，以横向发展为辅"，即以保健品发展为主，以多元化发展为辅。1990年，其销售额跃升至24

亿元,同年,怀汉新重金聘用一批青年才俊,换下了一同创业的9位高层元老,并导入当时颇为先进的企业形象识别系统。1993年,太阳神的营业额高达13亿元,市场份额最高时达63%。此时,怀汉新开始了多元化战略发展之路,接连上马了包括房地产、石油、边贸、酒店业、化妆品、电脑等在内的20多个项目,在全国各地进行大规模的收购和投资活动。短短两年间,太阳神转移到这些项目中的资金高达34亿元,但不幸的是,这些项目没有一个成为新的"太阳神",34亿元全部打了水漂。

1995年年底,太阳神在香港上市后,股价直跌,1997年亏损159亿元,股价一度跌至港币9分左右。后来,怀汉新从总裁位置上引退,请来哈佛MBA工商管理硕士王哲担任企业总裁,但不了解中国保健品行业的王哲并没有能挽救太阳神,反而导致企业人才外流,市场销售继续下滑。

再说说春都集团,它的前身是始建于1958年的洛阳肉联厂。自1986年生产出中国第一根西式火腿肠开始,春都曾以"会跳舞的火腿肠"红遍大半个中国,市场占有率最高达70%以上,资产达29亿元人民币。在火腿肠产品获得成功后,公司开始多元化扩张,依托肉制品产业,发展了以肉制品加工、低温肉制品、生化制药、饮品制造、包装材料、饲料加工以及养殖业为核心的七大支持产业,公司成为集工业、商业、贸易、旅游、服务为一体的大型企业集团。从最初的净资产2000万元的肉类加工企业到一个净资产达到135亿元的跨行业的多角化企业,一时间企业经营项目繁杂、相互间关联度低,与原主业之间也无任何关联,且投资时间又很集中,这为后来的失败留下隐患。

1998年,公司的经营状况开始恶化。公司的春都牌火腿肠从市场占有率极盛时的70%下降到20%左右。春都饮品集团兼并的河南内黄县的冬夏枣茶项目已经停产,在洛阳高新区、郑州市建立的饮料厂从未正常生产过,一大堆用西班牙政府贷款购买的设备在车间中闲置,该项目曾投资3亿多元人民币。而公司所属的九圣集团生产的"利心牌"养命宝,在国内有一定的声誉,是一个极好的产品。但是因为公司频繁更换品牌,最终淹没在市场中,其他的所谓支柱产业也陷入困境。如今春都上百条生产线全线停产,企业严重亏损。

从上述两个案例来看,行业定位一定要准确,多元化不是不可以,但是要找准属于自己的行业定位,不能盲目扩张,不能盲目投入不熟悉、不相关的行业。只有充分准备,仔细考察项目,确立企业的多元化发展策略之后才能付诸行动。

第93招——宏观视角

当下,高新技术迅猛发展、经济全球化步伐加快、国内外政治经济凸现出新的发展态势,生存与发展、二次创业、企业持续成长等成为企业面对的重要课题。企业的成长必须定位在与社会发展同步的前提下,企业家的思考则必须具备整体的宏观认知，才能实现长期定位。

宏观经济环境主要指该国经济的发展战略阶段和发展战略水平，经济制度与市场体系、收入水平、财政预算、贸易与国际收支状况等。包括在宏观经济环境中的因素，体现在国家经济发展战略阶段和发展战略水平、国家经济制度及市场体系、国民收入水平、经济平衡状况、国家贸易与国际收支状况几方面。

企业要审时度势，在充分研究本行业宏观经济环境后，因地制宜，制定适宜的宏观经济发展战略规划和发展战略，准确定位，才能在激烈的市场竞争中立于不败之地。

就我国而言，在经济全球化的态势下，省市、国家以及全球的企业所处的行业的宏观经济环境，对企业定位的影响都至关重要。宏观经济环境，即外部影响行业和企业的各种宏观力量，都对企业的发展有所影响。因此，不同行业和企业要根据自身特点和经营需要，分析影响企业定位的具体因素和具体内容，从政治、经济、社会和技术这四大类影响企业的主要外部环境因素进行分析以确立企业的发展定位。

而政治、法律等宏观经济环境对行业前景的影响也非常大。政府最直接的影响，莫过于对企业的市场进入、竞争活动或利润等市场经济关键变量进行全面限制。

因此，企业一定要有宏观视角，不能"闷头生产"，要仰头看天，才能对企业的产品、市场、营销等做出恰当准确的定位。

第94招——未来走向

对于企业来说，长期定位是企业长久发展的基石，长期定位意味着要抱着走向未来的态度，眼光放远，动作超前。企业只有放眼未来，将企业发展的定位瞄准未来的走向，才能够在时间的检验中立住脚跟。

举一个立足未来走向，定位长远发展的案例。在中国，有一个特别低调的企业，福建圣农发展股份有限公司。说到这家企业，还要说说我们吃的鸡。在数十年前，吃鸡是一件很奢侈的事情，不仅仅因为鸡肉贵，还因为当时种鸡的养鸡苗一直垄断在西方发达国家手中，卖多少、价格多少，完全由对方说了算。也就是说，当时中国被"卡脖子"的不只是光刻机、芯片制造、高端发动机、高端机床等，还有鸡。

福建圣农发展股份有限公司的当家人傅光明着眼未来，用了4年的时间满世界地跑，尽可能多地收集各个品种鸡的种源基因，从2011年起开始着手肉鸡的调查研究。可育种这件事哪有那么简单，首先，种源基因从哪儿来？问美国人要？想都不用想。

于是，傅光明请来了全中国仅有的几位种鸡专家，帮助圣农开展鸡种的培育工作。当时，傅光明对专家说："要钱给钱，要人给人，要场地给场地，要设备给世界最好的，我只要一个，鸡给我最好的。我们办企业积累了这些财富，个人花是花不完的，应该为这个国家这个行业做点事。"

在当时，傅光明的自主育种被众人反对，三次被董事会否决，但他还是力排众议，坚持把自主育种的计划执行下去。就在此时，美国的种鸡公司放出狠话："谁要研发种源，就断谁的供！"没办法，傅光明只能一边秘密研究，一边和美国公司周旋。他还在集团内部提出"中国特区在深圳，圣农特区在种源"的原则，继续坚持对自主育种计划的"要什么，给什么"的无条件支持。

为了培育出自己的白羽鸡，那几年里，圣农光研发费用就砸进了10多亿元，而在禽流感最严重的时候，整个公司的年利润也不过1亿元。

2019年，圣农的种源研究取得了突破性进展，原本是一件鼓舞人心的大好事，却激怒了美国公司。没过多久，一群美国人就出现在傅光明的办公室里，要求他："立即停止白羽鸡种源的研究，否则我们就停止供应鸡种，30分钟内不做出答复，就视为你不接受，我们就停止供应。"

怎么办？答应了，这将近10年的努力就将付之东流，不答应，这个做了30多年的企业就可能陷入绝境。傅光明冷静了片刻，最后不卑不亢地道："这个事我们干定了，请你们回去，10分钟内离开圣农。"

2019年，圣农成功研发出国内第一套白羽鸡原种配套体系——"圣泽901"，当年9月，"圣泽901"被送往农业农村部家禽品质监督检验测试中心进行检测，检验结果表明："圣泽901"的生产速度、成活率、产蛋率及料肉比等多项指标均达到欧美国家进口的原种标准，处于国际先进水平。

2020年12月，"圣泽901"与另外两个白羽肉鸡自主培育品种"广明2号"和"沃德188"一并通过了农业农村部的审定，获得正式面向市场销售种源鸡的审查牌照，自此，我国彻底实现了白羽鸡的自主培育。

这场白羽鸡种业翻身仗，圣农打赢了！

当一个企业将行业的未来，国家的未来定位为自己的未来走向时，其肩头所承担的责任是重大的，而它的未来，也是艰难而光明的。

第95招——二元法则

在品牌战略领域，有三个数字比较知名：2（二元法则）、3（3法则）和7（7定律）。

二元法则是定位大师杰克·特劳特与艾·里斯（Al Ries）在《22条商规》中提出的观点。二元法则是说在任何一个领域，最终都只会有两个品牌来主导市场。这样的例子很多，比如：在可乐领域，是可口可乐和百事可乐之间的战争；在飞机领域，是波音和空中客车PK（麦道与波音合并）；在搜索领域，是百度和 Google 的争夺……实际上，在一个新的市场类别出现的初期，消费者的选择阶梯上可能有很多梯阶，也就是有很多的品牌大量存在，可供消费者选择。除了第一品牌，在阶梯上占据第二或者第三位置的产品的销售情况也非常诱人。

但从长远来看，随着市场的发展，最终消费者的选择阶梯上将只有两个主要的梯阶。并且，排名第一的品牌的市场份额将降低，排名第二的市场份额会增加，形成并驾齐驱的对峙局面。而其他品牌要么被收购兼并，要么成为面对细分市场（小众）的专家品牌。

后来，美国知名学者杰格迪什·谢斯（Jagdish Sheth）和拉金德拉·西索迪亚（Rajendra Sisodia）在《企业定位法则》中又提出了"3 法则"，即一个行业最终都会形成三巨头鼎立的局面，另外还有许多的专家型企业来填补细分市场。可以列举的例子也不少，比如，当今世界的三巨头：美国、俄罗斯和中国，还有德国、日本、印度等强国。豪华汽车三巨头：宝马、奔驰和奥迪，还有保时捷、法拉利、劳斯莱斯等细分品牌。

为什么会出现这种情况呢？为什么是 3 个而不是 4 个或者更多呢？或者说为什么不是两个或者一个呢？这是因为，"三足鼎立"是比较容易保持相对平衡的稳固结构。在大多数市场，如果存在 3 家企业，那么其中两家企业联合起来就可以强大到能够阻止第三方可能会产生的掠夺企图。因为可能会成为"受害者"的企业总是会寻求第三方的帮助来平衡双方的力量，正是这种威慑力才防止了进攻的发生。而一旦市场中只有两家企业，其结果往往是：要么为了一统天下而相互进攻，要么为了利益而沆瀣一气形成垄断，最终都会损害消费者的利益。

著名的心理学家乔治·米勒发现，人们的记忆无论是短暂记忆或长期记忆都和数字"7"有关。简而言之，人们记住事物的数量不超过7。这就是"7定律"。也就是说，消费者的选择阶梯上最多只有7个位置，而且如果一个事物被提及7次或以上，基本上也就在消费者的脑海中长期留存了。可见，对于品牌营销传播而言，传播应该至少到达受众7次才能被记住。

总之，二元法则、"3法则"和"7定律"都有其道理和适用范围，但不可盲目生搬硬套。

第96招——有所牺牲法则

有所牺牲法则是指成功的市场营销必须有所牺牲。成功的公司不用成为涵盖所有产品系列和目标市场的"全才"，因为全才等于平庸。

1972年，艾·里斯和杰克·特劳特在《广告时代》杂志上正式提出定位观念。1993年，特劳特与里斯历经20多年实践，将定位理论归纳为22条可供操作的简明法则，被誉为规划品牌战略的"力学原理"，其中有一条，就是有所牺牲法则。

正所谓有所失才能有所得。有所牺牲法则与品牌扩张正好相反，而想要获得永远的成功，就必须先放弃某些东西。

对于失败者来说，完整的产品系列是一种奢侈品。企业若想成功，就必须缩短自己的产品系列，而不是扩展它。特劳特为了说明这一点，举了埃默瑞空运公司的例子。埃默瑞空运公司是一家提供航空货运服务的公司，从小件空运、大件空运、次日送达到定时服务，其服务项目无所不包。而它的竞争对手联邦快运公司提供的服务则非常有限，它只集中进行小件货物的次日送达业务。然而到了今天，联邦快运公司的规模比埃默瑞公司要大得多。

联邦快运公司的优势来自通过牺牲其他服务项目来使其"次日送达"的概念深入人心。因此，当货物绝对要在次日送达时，你一定会去找联邦快运。

但是后来，联邦快运竟做了和埃默瑞公司同样的事，它花费8.8亿美元购买了飞虎国际航空公司的飞虎货运公司，从而失去了其次日送达的特色。今天，联邦快运提供全球空运服务，但却不具有全球公司的地位，它已经偏离了自己"次日送达"的定位，这导致其在国际业务中产生了巨额亏损。

第97招——延伸法则

特劳特提出的延伸定律，是定位理论中最为特殊的一个。这里的延伸并非品牌扩张，而是说，多便是少，即产品越多，阵线越长，赚的钱反而越少。

德国阿尔迪（ALDI）超市的所有者是德国的阿尔布莱希特兄弟，虽然在中国，听说过阿尔迪超市的人并不多，但阿尔迪却是全世界公认的零售业航母，目前身价已达400亿欧元，仅在美国，阿尔迪的年销售额就达到了48亿美元，折合欧元约为46.8亿欧元。

再看美国的沃尔玛公司。美国的沃尔玛不仅是世界零售业的龙头老大，也是世界五百强之首，其年销售额达到2000亿欧元，是阿尔迪的6倍。但阿尔迪每年经销的单件商品的总价值超4000万欧元，却是沃尔玛的30倍，尤其值得一提的是，阿尔迪只销售不超过1000种商品，比沃尔玛少15万种。

在沃尔玛和阿尔迪之间存在这样两个比例：年销售额——沃尔玛∶阿尔迪=8∶1；销售商品数量——沃尔玛∶阿尔迪=151000∶1000≈150∶1。也就是说，阿尔迪用沃尔玛1/50的商品种类，获得了相当于沃尔玛1/8的销售额。

面对所取得的如此巨大的成功，阿尔布莱希特兄弟在总结秘诀时只说了一句：我们只放一只羊！阿尔布莱希特兄弟在一次公开讲话中是这样说的："我们希望自己的那些分店能像普通的零售店一样，包含丰富的生活用品门类。但是我们最后并没有这样做，因为我们认识到，经营有限的品种也可以把生意做得红火……于是我们经营有限的品种，并时常检查，有意识地保持小规模的经营范围，尽可能不卖平行商品，即同一种商品只有一个选择……顾客在阿尔迪看到的，可能永远只是一种大米、五种香皂、某一牌子的牙膏，而不是琳琅满目、眼花缭乱的商品。每种商品只提供一种选择的方法，对我们的售货员而言就更加简便、快速，顾客可以更快地做出决定，他们只需选择买或不买……"

在商业领域，曾经出现过无数个"想放一群羊"的人，然而到了最后，很多人却一只羊也没剩下。这说明，无尽的贪欲会击垮企业的战斗力、复制力和执行力，从而让企业失掉"一群羊"，直到失去最后"一只羊"。这就是少即多的延伸法则。

第98招——潜在顾客

特劳特指出："定位是你对未来的潜在顾客的心智所下的功夫，也就是把产品定位在你未来潜在顾客的心中。"那么到底谁是潜在顾客呢？

所谓潜在顾客，是指对某类产品或服务存在需求且具备购买能力的待开发客户，这类客户与企业存在着销售合作机会。经过企业及销售人员的努力，可以把潜在客户转变为现实客户。事实上，企业对潜在客户的定位往往不够准确，比如可乐的定位，是富有刺激性冰凉口感的饮料，代表着青春、活力、年龄、生命、时尚。"可乐是那些反潮流、反传统的青年人的最佳饮品。"可口可乐和百事可乐都将目标消费群定位于颠覆传统、个性张扬的年青一代，并为之而苦心经营了近百年。可乐的定位群体原本是16～30岁年龄段的年轻人，它的潜在顾客最低年龄不低于12岁，最高年龄不高于45岁。然而事实上，孩子们却更乐于尝试这种年轻而刺激的饮品，而45岁以上，哪怕已经60岁的男人，也并不愿意放弃这种可以让自己感觉年轻和舒爽的饮品。于是产品的潜在客户范围就扩大了许多。

潜在顾客是产品设计者眼中的产品需求方，也是销售人员眼中的消费意愿方，然而它也有自发性和意外性，因为市场是千变万化的。比如，当产品延伸出新的理念时，潜在顾客就会不断发生变化；再比如，当市场状况或者社会理念发生变化，潜在顾客也会随之发生变化。

潜在顾客的定位，应根据各种外界条件的变化不断地拓展或者缩减，这样才能做到相对准确的顾客定位。

第99招——错位定位

这些年,在实际操作过程中,有些企业在"定位"方面难免出现这样那样的错位现象,主要表现为以下四种。

第一种,混淆定位。这是最典型也最为普遍的错位现象,即品牌特征太多,或品牌定位太过频繁,使购买者对品牌形象感到困惑。CCTV 2 曾经有一个栏目叫"品牌中国"。这个栏目每晚邀请几家中国比较成功的企业的老板来做客,有一次邀请到的是中国家电行业四大巨头负责人。主持人问了他们很多关于品牌创建方面的问题,但答案却大同小异,要么说技术创新,要么说渠道占领,要么讲人才战略,要么就是奋斗精神。更让人啼笑皆非的是,主持人让他们做品牌拟人化测试,问"你的品牌最像谁?",那些老板写出来的答案却与消费者给出的答案相差十万八千里。那么,消费者群体的答案是否很一致呢?不,也基本是五花八门的。关于品牌的创建问题,号称在中国市场化率最高的家电行业都这样,那么其他行业也就可想而知了。事实上,绝大部分企业,在定位方面所做的工作都很一般,很少有企业在一个品牌上坚持单一定位,大多是品牌形象相当混乱。

第二种，可疑定位。可疑定位就是企业对自己产品的特征、价格或宣传方面所做的一切工作不能让消费者信服，消费者认为企业在吹牛或撒谎。就拿牛奶行业来说，有一段时间，不少牛奶品牌都把自己定位在"新鲜"上。看上去，这个定位不错，确实符合牛奶产品特征和消费者的需求。但问题是，在这个定位下面，企业所做的工作却不尽如人意。比如，在产品组合上，巴氏、百利包、利乐枕、利乐砖等什么产品都有，甚至还有奶粉。这还不止，"新鲜"的牛奶在货架上已经好几个月了还在卖，销售人员很尴尬，所销售的产品不但不新鲜，还马上就要过期了。如此就引起了消费者的怀疑，因为他们天天听到的是"这个品牌多么新鲜，就像奶牛跟在身边"等这样的话，但实际上并不是这样。尤其是消费者有时买到的牛奶的包装会有起皱、掉色、生产日期偏长等现象，这都无法让人相信这个牛奶是新鲜的。

第三种，过分定位。过分定位是指对品牌认同过于狭窄，不利于产品线延伸或品牌延伸。过分定位可能会导致市场机会的白白流失，对企业建立竞争优势、产品线延伸和品牌延伸都没有好处。假如定位"奔驰就是高品质的轿车""索尼就是高品质的彩电""雀巢就是高品质的咖啡""耐克就是高品质的运动鞋"，那么，这样的定位有竞争力吗？答案是"否"。

第四种，不充分定位。不充分定位可能是离正确定位最近的一种错位现象。也就是说，品牌定位的方向是没有错的，只不过，由于定位不够充分而导致购买者没有真正意识到品牌的独特之处，对品牌只有一个模糊的概念。

那么定位如何避免错位呢？首先，定位要能够被顾客切身感受到；其次，定位要以产品的真正优势为基础；最后，定位要与竞争者的定位相区分，凸显竞争优势。

总之，要全力纠正错误定位，避免将产品或者企业引入尴尬的境地。

第100招——商业闭环

在实施定位的过程中，我们最终的目的是通过品牌定位、市场定位、产品定位，甚至是广告定位、情感定位等，创造一种属于企业的商业模式，打造一个商业闭环。

商业模式是一种描述企业如何创造价值、传递价值和获取价值的方式方法。商业模式并不是盈利模式，它包含四个方面：产品模式、用户模式、推广模式，最后才是盈利模式。

简单来讲，商业模式是你能提供一个什么样的产品给什么样的用户去创造什么样的价值，并且在创造用户价值的过程中，用什么样的方法获得商业价值。

通过定位实现的商业模式也不是一成不变的，它可以随着企业的发展而发生变化。当企业的资源、行业地位等发生变化时，商业模式可以进行更新和调整，从而实现商业闭环的四个要素，也就是资源端要素、用户端要素、价值主张要素和现金流要素。

商业模式设计的出发点一定是用户端。企业要想获得成功，就一定要重视用户价值，甚至把用户价值定位放在短期企业收入之上。唯有这样，才能创造商业价值。

当然，企业肯定需要依靠内部资源和外部合作生态去形成持续的价值创造，并获取收益，所以资源端与用户端一定要相匹配，从而形成产品和服务。

产品没有从用户出发，产品模式和用户群都没有定位，这样企业经营和发展就会磕磕绊绊。只有在对产品模式和用户群进行准确定位之后，才可以定位企业的收入模式，如此才能形成一个完整的商业模式。

我们说商业的本质就是货币的流动，所以不管什么样的商业模式，最终一定是要能够产生现金流。而不同的商业模式决定了会产生不同的现金流，反过来企业的现金流也可以作为判断企业商业模式是否具有颠覆性、经营是否健康的关键。

最终，当企业的商业闭环形成之后，企业就会回到创造利润、创造现金流这个基本点之上，然后不断地以闭环形式滚动前进。这才是定位最终存在的意义。